A EUROPA ALEMÃ

Título original:
Das deutsche Europa. Neue Machtlandschaften in Zeiten der Krise

© Suhrkamp Verlag Berlin 2012
Todos os direitos reservados e controlados através da Suhrkamp Verlag Berlin

Tradução: Marian Toldy e Teresa Toldy

Revisão: Pedro Bernardo

Capa: FBA

Depósito Legal nº 353570/13

Biblioteca Nacional de Portugal – Catalogação na Publicação

BECK, Ulrich, 1944-

A Europa alemã : de Maquiavel a "Merkiavel" : estratégias de poder na crise do euro. – (Extra colecção)
ISBN 978-972-44-1754-7

CDU 32
336

Paginação:
EDIÇÕES 70

Impressão e acabamento:
PENTAEDRO, LDA.
para
EDIÇÕES 70, LDA.
Junho de 2013

Direitos reservados para todos os países de língua portuguesa
à excepção do Brasil
por
EDIÇÕES 70, Lda,
uma chancela de Edições Almedina, S.A.

Rua Luciano Cordeiro, 123 – 1º Esqº – 1069-157 Lisboa / Portugal
e-mail: geral@edicoes70.pt

www.edicoes70.pt

Esta obra está protegida pela lei. Não pode ser reproduzida,
no todo ou em parte, qualquer que seja o modo utilizado,
incluindo fotocópia e xerocópia, sem prévia autorização do Editor.
Qualquer transgressão à lei dos Direitos de Autor será passível
de procedimento judicial.

ULRICH BECK

A EUROPA ALEMÃ

DE MAQUIAVEL A «MERKIEVEL»:
ESTRATÉGIAS DE PODER NA CRISE DO EURO

ÍNDICE

Prefácio 11

Introdução: A Alemanha perante a decisão sobre o «Ser» ou o «Não-ser» da Europa 15

I. Como a crise do euro dilacera – e une – a Europa 19
   1. A política de austeridade alemã divide a Europa: os governos aprovam, as populações desaprovam 19
   2. Sobre os sucessos da União Europeia 24
   3. A cegueira da economia 28
   4. Política interna europeia: o conceito do «político» marcado pela perspetiva de Estados nacionais é anacrónico 31
   5. A crise da União Europeia não é uma crise de dívida 36

II. Novas coordenadas do poder na Europa: como se chegou à Europa alemã 39
   1. A Europa ameaçada e a crise do «político» 39
   2. A nova distribuição de poderes na Europa 60
   3. «Merkiavel»: hesitação como tática de dominação 67

III. Um contrato social para a Europa 91
   1. Mais liberdade através de mais Europa 93
   2. Mais segurança social através de mais Europa 97
   3. Mais democracia através de mais Europa 99
   4. A questão do poder: quem faz cumprir o contrato social? ... 105
   5. Uma primavera europeia? 107

Para Elisabeth

PREFÁCIO

Terão os gregos voltado a pagar com dracmas ou os alemães com marcos quando este livrinho chegar às mãos dos leitores? Ou irão os leitores rir-se destes cenários sombrios, porque a crise já terá sido ultrapassada há muito e a Europa política terá saído reforçada da situação? O facto de nos colocarmos, sequer, estas questões, o facto de andarmos um pouco perdidos numa neblina de incerteza diz muito sobre a situação volátil da Europa e sobre o risco de querer compreendê-la.

Todos sabem, mas dizê-lo abertamente significa quebrar um tabu: a Europa tornou-se alemã. Ninguém teve essa intenção, mas, face a um possível colapso do euro, a potência económica Alemanha «deslizou» para a posição de superpotência política com um papel decisivo na Europa. Em fevereiro de 2012, o historiador inglês Timothy Garton Ash escreveu o seguinte sobre esta questão:

> «No ano de 1953, Thomas Mann fez um discurso a estudantes em Hamburgo no qual os exortou a não aspirarem a uma 'Europa alemã', mas sim a uma 'Alemanha europeia'. Esta fórmula foi repetida vezes sem conta no momento da reunificação. Porém, hoje, estamos a assistir a uma variação que poucos previam: uma Alemanha europeia numa Europa alemã.»[1]

---

[1] Timothy Garton Ash, «Allein kriegen sie es nicht hin. In die Führung Europas hat sich Deutschland nicht gedrängt, es ist auch

Como foi possível isto acontecer? Quais as consequências? Que cenários futuros constituem uma ameaça, quais podem constituir uma atração? São estas as questões que irei discutir neste ensaio.

Neste momento, o debate público está determinado quase exclusivamente pela perspetiva da economia, o que parece um pouco absurdo se nos lembrarmos de como os próprios economistas foram surpreendidos pela crise. O problema reside no seguinte: a perspetiva económica ignora que não estamos apenas perante uma crise da economia (e do pensamento económico). Estamos sobretudo perante uma crise da sociedade e do «político» – assim como da compreensão predominante da sociedade e da política. Portanto, não sou eu que me movo no terreno estranho da economia. Foi a economia que se esqueceu da sociedade da qual trata.

Este ensaio pretende propor uma nova interpretação da crise. Gostaria de tentar ir ao fundo das notícias que vemos todos os dias nos telejornais ou que lemos nas primeiras páginas de jornais e questionar os nexos entre elas. O tipo de leitura que proponho baseia-se no quadro de referência da minha teoria da sociedade do risco. Esta perspetiva sobre uma modernidade fora de controlo, apresentada nos meus livros, será desenvolvida nas páginas seguintes do ponto de vista da crise da Europa e do euro.

Há muita gente que pensa que, para resolver a crise, necessitamos de mais Europa. No entanto, a adesão a esta ideia de 'mais Europa' é cada vez mais reduzida nas sociedades dos Estados-Membros. Será sequer imaginável uma conclusão da União política nestas condições? Será

---

schlecht darauf vorbereitet», em *Der Spiegel* (13 de Fevereiro de 2012), pp. 24s. Disponível *on-line* em: < http://www.spiegel.de/spiegel/print/d-83977208.html > (consultado em agosto de 2012).

possível uma política fiscal, económica e social comum? Ou será que, ao longo do processo de unificação política, a questão decisiva de uma sociedade europeia foi suprimida durante demasiado tempo, tendo sido as contas feitas sem o soberano, isto é, o cidadão?

Put society back in! Não se esqueçam da sociedade! Este ensaio pretende tornar visíveis as mudanças nos equilíbrios de poder durante a crise financeira, assim como o novo panorama do poder na Europa.

Ulrich Beck
Agosto de 2012

INTRODUÇÃO: A ALEMANHA PERANTE A DECISÃO SOBRE O «SER» OU O «NÃO-SER» DA EUROPA

«O Bundestag alemão decide hoje o destino da Grécia», ouvi nas notícias de rádio em finais de fevereiro de 2012. Ocorreu nesse dia a votação do segundo «pacote de ajuda», associado a imposições de austeridade e à condição de a Grécia aceitar restrições à sua soberania orçamental. Pois, é óbvio, diz uma voz dentro de mim. A outra voz pergunta perplexa: como é isto possível? O que significa, na realidade, uma democracia votar o destino de outra democracia? Sim, os gregos precisam do dinheiro dos contribuintes alemães, mas as medidas de austeridade equivalem a um esvaziamento da autodeterminação do povo grego.

No entanto, o irritante naquela altura não foi apenas o conteúdo da afirmação, mas também a naturalidade com que este facto foi aceite na Alemanha. Escutemos bem: o Parlamento alemão – não o grego – decide o destino da Grécia. Fará uma frase deste tipo, sequer, sentido?

Façamos um pequeno exercício de raciocínio. Suponhamos que os alemães votassem se a Grécia deve abandonar agora (portanto, no verão de 2012) o euro. O resultado previsível seria: «Akropolis Adieu!»)[2]. Suponhamos, além disso, que os gregos também votassem a mesma questão num referendo. O resultado provável

---

[2] Este era o título da revista *Der Spiegel* no dia 14 de maio de 2012.

seria uma clara maioria (segundo sondagens de maio de 2012, cerca de 85%) a favor da permanência no euro[3].

Como seria possível resolver a oposição das decisões das democracias nacionais? Qual a democracia que se impõe? Com que direito? Com que legitimação democrática? Ou será que os meios de extorsão da economia desempenham aqui o papel decisivo? A negação de empréstimos constituiria, em última análise, a alavanca de poder decisiva? Ou perderá, possivelmente, a Grécia – o país de origem da democracia –, com o peso das suas dívidas, o seu direito à autodeterminação democrática?

Em que país, em que mundo, em que crise vivemos realmente quanto uma tal declaração de incapacidade de uma democracia passada por uma outra *não causa qualquer* escândalo? Ainda por cima, a fórmula «O Bundestag alemão decide hoje o destino da Grécia» peca por defeito. Há muito não se trata apenas da Grécia. Trata-se da Europa. «A Alemanha decide, hoje, sobre o Ser ou Não-ser da Europa» – esta frase resume o estado de espírito e da política do nosso tempo.

A União Europeia tem 27 Estados-Membros, 27 governos, 27 parlamentos; tem um Parlamento, uma Comissão, um Tribunal de Justiça, uma Alta Representante para os Assuntos Externos, um Presidente da Comissão, um Presidente do Conselho, etc. Mas a crise financeira e do euro catapultou a Alemanha, forte em termos económicos, para a posição de superpotência decisiva na Europa. A Alemanha, destroçada moral e materialmente após a Segunda Guerra Mundial e o Holocausto, passou, em

---

[3] Cf. «Griechische Spargegner führen in Umfrage zur Wahl», em: *Zeit on-line* (25 de maio de 2012), disponível *on-line* em < http://www.zeit.de/politik/ausland/2012-05/griechenland-wahl-syriza > (consultado em agosto de 2012).

cerca de setenta anos, de discípulo obediente a mestre da Europa. No entanto, para a compreensão que os alemães ainda têm de si mesmos, o «poder» continua a ser uma palavra suja, que gostam de substituir pela palavra «responsabilidade». Os interesses nacionais ficam escondidos discretamente por detrás de palavras pomposas como «Europa», «paz», «cooperação» ou «estabilidade económica». Quem pronuncia a fórmula de poder «Europa alemã», quebra este tabu. Seria ainda pior dizer: a Alemanha assume o «comando» [*Führung*] da Europa[4]. Mas poder-se-ia dizer que a Alemanha assume «responsabilidade» pela Europa.

Ora, a crise da Europa está a agravar-se e a Alemanha vê-se perante a decisão histórica de reanimar a visão da Europa política, contra todas as resistências, ou de manter uma política de sobrevivência e a tática da moderação e hesitação – «até que o euro nos separe». A Alemanha tornou-se demasiado poderosa para se dar ao luxo de não tomar qualquer decisão.

É raro ser mencionado na opinião pública alemã que chegou o «momento da decisão», mas esta ideia aparece frequentemente nos comentários dos observadores estrangeiros. O jornalista e escritor italiano Eugenio Scalfari argumenta, por exemplo: «Se a Alemanha praticar uma política financeira que leve ao fracasso do euro, os alemães serão responsáveis pelo fracasso da Europa. Esta seria a quarta culpa, depois das duas Guerras Mundiais e

---

[4] Pelo contrário, seria possível dizer que a Alemanha assume *leadership*. Em inglês, é possível dizer algo que a língua alemã, contaminada pelo passado, não permite. [a palavra *Führung*, utilizada no original, é muito mais facilmente associada ao *Führer* - *n.t.*].

do Holocausto. A Alemanha tem de assumir agora a sua responsabilidade pela Europa.»[5]

Que ninguém tenha dúvida: numa «Europa alemã», a Alemanha seria responsabilizada pelo fracasso do euro e da UE.

---

[5] Birgit Schönau, «Das wäre die vierte Schuld», entrevista com Eugenio Scalfari, em *Die Zeit* (15 de março de 2012), p. 7.

I. COMO A CRISE DO EURO DILACERA – E UNE – A EUROPA

1. A política de austeridade alemã divide a Europa: os governos aprovam, as populações desaprovam

Ao contrário dos reinos e impérios da história, que tiveram a sua origem em mitos ou vitórias heroicas, a União Europeia nasceu da agonia da guerra e em resposta ao horror do Holocausto. Atualmente, é a ameaça existencial da crise financeira e do euro que faz com que os europeus tomem consciência de que não vivem na Alemanha, em França, em Itália, etc., mas na Europa. E a «geração da crise» também faz experiência do seu destino europeu, uma vez que as expectativas, que aumentaram na sequência da expansão da educação, são confrontadas com a falência de Estados, com a crise económica e com a decadência dos mercados de trabalho.

Cerca de um em cada quatro europeus com menos de 25 anos não encontra emprego. Além disso, muitos sobrevivem com contratos a prazo de baixos salários. De acordo com as estatísticas oficiais, cerca de um terço dos jovens na Irlanda e em Itália com menos de 25 anos não tem emprego. Na Grécia e em Espanha, a taxa de desemprego dos jovens, em junho de 2012, situou-se em 53%. Na Grã-Bretanha, a taxa subiu de 15 para 22% desde o início da crise financeira, em 2008. Em Tottenham, onde começaram os distúrbios de 2011, há 57 candidatos para cada posto de trabalho[6].

Onde quer que o 'precariado' académico monta as suas tendas e levanta a sua voz, o que está em causa é a exigência de justiça social – e esta é apresentada sem recurso à violência, mas de forma poderosa, tanto em Espanha ou Portugal, como na Tunísia, no Egito ou em Israel. A geração Facebook sustenta este protesto, apoiada pela maioria da população dos países em causa. A Europa e a sua juventude estão unidas na raiva por causa de uma política que salva bancos com quantias de dinheiro inimagináveis, mas desperdiça o futuro da geração jovem.

A crise e os programas para salvar o euro realçam os contornos de uma outra Europa, uma Europa dividida, separada por novos fossos e novas fronteiras. Um destes fossos passa entre países do Norte e países do Sul, entre Estados credores e Estados devedores. Uma outra fronteira separa os Estados da zona euro, forçados a agir, dos Estados-Membros da UE que não aderiram ao euro e que são obrigados a assistir à tomada de decisões fundamentais para o futuro da União sem a sua participação. Nas eleições nos países devedores surgiu

---

[6] Para estes dados cf. Eurostat, «Jugendarbeitslosenquote in den Mitgliedstaaten der Europäischen Union im Juni 2012 (saisonbereinigt)», disponível *on-line* em < http://de.statista.com/statistik/daten/studie/74795/umfrage/jugendarbeitslosigkeit-in-europa/ > (consultado em agosto de 2012), Wirtschaftskammer Österreich, «Jugendarbeitslosenquote 2001 bis 2011», disponível *on-line* em < http://wko.at/statistik/Extranet/bench/jarb.pdf > (consultado em agosto de 2012); Veronica Frenzel/Albrecht Meier/Sigrid Kneist/Matthias Thibaut: «Europas verlorene Jugend», em *Der Tagesspiegel* (10 de agosto de 2012), disponível *on-line* em < http://www.tagesspiegel/de/politik/krawalle-ueberall-europas-verlorene-jugend/4486172.html} >(consultado em agosto de 2012).

um terceiro fosso fundamental cujas consequências políticas serão de longo prazo: os governantes votam a favor dos pacotes de austeridade, as populações votam contra. Este processo torna visível a tensão estrutural entre um projeto europeu apresentado e gerido *de cima* pelas elites políticas e económicas e a resistência *de baixo*. Os cidadãos opõem-se à exigência, considerada extremamente injusta, de tomar um remédio com consequências possivelmente fatais. Não só em Atenas, mas por toda a Europa, cresce a resistência a uma política de resolução da crise que abre caminho a uma redistribuição *de baixo para cima* – segundo a máxima: «socialismo de Estado para os ricos e os bancos, neoliberalismo para a classe média e os pobres». O que farão os salvadores, quando aqueles que devem ser salvos não o querem? Pelo menos não o querem da forma que, segundo declarações dos seus próprios governantes, «não tem alternativa».

Existe um outro paradoxo: assistimos a debates e lutas apaixonadas pelo poder. No fim, acabam todos por perder. Na Alemanha, as pessoas estão furiosas, porque «o dinheiro dos contribuintes alemães» é desperdiçado «nos gregos na bancarrota», segundo o título demagógico do jornal *Bild* (a revista *Focus* também afinou pelo mesmo diapasão, com a mal-afamada capa na qual a Afrodite de Milos faz um gesto feio ao mundo). Nos Estados em crise, por seu lado, há muitos que se sentem perdedores, porque a política de austeridade alemã-europeia lhes rouba a base do seu sustento – e, simultaneamente, também a sua dignidade. Assim, as pessoas nos diversos Estados-Membros são colocadas, de forma populista, umas contra as outras e não reconhecem que *todos, em conjunto*, são vítimas da crise financeira e de tentativas impróprias de resolução da mesma.

Portanto, no futuro haverá muitas Europas na Europa. Uma delas é a *Europa de baixo*, a Europa dos cidadãos, que talvez nem sequer saibam (ou não queiram saber) que são cidadãos europeus. Aqui reina um ambiente fatal, no qual se misturam insegurança, medo e revolta e que se exprime na fórmula: «Não percebo patavina». Crise bancária e crise financeira. Europa em crise. Euro em crise – todos os dias algo diferente – ou será o mesmo? Todos estão perplexos e, de alguma maneira, também impotentes. O jornalista Holger Gertz escreveu o seguinte em agosto de 2011, numa grande reportagem sobre o medo e a confusão das pessoas: «Pode fazer-se manifestações contra a guerra, contra a energia nuclear, e pode muito bem fazer-se manifestações também contra estações de caminhos-de-ferro ou pistas de aterragem, planeadas com uma comovente transparência.» E acrescenta, citando uma política berlinense do partido *die Linke* [A Esquerda]: «Mas contra a crise financeira? O que hão de as pessoas escrever nos cartazes? Crise, vai-te lixar?»[7].

Como se explica o facto de já ninguém perceber nada? Para encontrar uma resposta a esta questão, retomo a seguir as teses que desenvolvi na *Sociedade do risco** e que continuei a desenvolver na *Sociedade mundial do risco*. Segundo a minha interpretação, o desconhecimento que se propaga constitui uma característica essencial de uma dinâmica à qual as sociedades ocidentais estão

---

[7] Holger Gertz, «Ich versteh kein Wort. Nie wurde so viel geredet – und nie standen die Menschen den Krisen dieser Welt so ratlos gegenüber. Eine Reise an die Börse, in die Politik, auf die Straße. Zu einem diffusen Phänomen: Angst 2.0», em *Süddeutsche Zeitung* (27 de agosto de 2011), p. 3.

* Título da obra de referência de Ulrich Beck: *Risikogesellschaft. Auf dem Weg in eine andere Moderne*. Frankfurt: Suhrkamp Verlag (*n.t.*)

entregues atualmente[8]. A sociedade do risco é, em certo sentido, sempre também uma sociedade *de possibilidades*. As centrais nucleares, cujo complexo funcionamento interno não compreendemos, *poderiam eventualmente* ter uma avaria; os mercados financeiros, que mesmo os equilibristas da bolsa deixaram, ao que parece, de entender, *poderiam eventualmente* sofrer um colapso. O condicional enquanto estado permanente: hoje, antecipamos permanentemente catástrofes que poderiam acontecer amanhã. O condicional catastrófico irrompe no cerne das instituições e no quotidiano das pessoas – é imprevisível, não se preocupa com a Constituição e as regras da democracia, está carregado de um desconhecimento explosivo e faz desaparecer todos os pontos de referência.

Estas ameaças difusas criam simultaneamente uma espécie de sentimento de comunidade. Tomemos a crise do euro: há sociedades inteiras a descer, num elevador, para um andar abaixo, devido aos programas de austeridade. Há toda uma geração confrontada, em toda a Europa, com o facto de deixar de ser necessária quando os gráficos da evolução nas bolsas, que aparecem todas as noites na televisão, apontam abruptamente para baixo. As consequências da crise não se detêm nas fronteiras nacionais, já que as interdependências na sociedade mundial há muito que são demasiado estreitas. Portanto, as pessoas perguntam-se: se a Grécia for à falência, a minha reforma na Alemanha continuará a ser segura? O que significa realmente «bancarrota estatal»? O que significa isto para mim? Quem teria pensado, ainda há poucos anos, que precisamente os bancos que outrora

---

[8] Ulrich Beck, *Risikogesellschaft. Auf dem Weg in eine andere Moderne*, Frankfurt am Main: Suhrkamp 1986, *idem*, *Weltrisikogesellschaft. Auf der Suche nach der verlorenen Sicherheit*, Frankfurt am Main: Suhrkamp 2007.

protestavam veementemente contra qualquer intervenção estatal pediriam ajuda a Estados endividados e que estes Estados disponibilizariam realmente montantes astronómicos? Hoje, toda a gente pensa assim. Mas isso não significa que alguém o perceba[9].

Tal como expus em *Sociedade do risco*, a expectativa da catástrofe global, que influencia profundamente o quotidiano, tornou-se uma das maiores formas de mobilização do nosso tempo. Este tipo de ameaça, sentida em todo o mundo, permite experimentar um nexo frequentemente aborrecido entre a nossa própria vida e a vida de outras pessoas noutras regiões do mundo.

2. Sobre os sucessos da União Europeia

55 anos após a assinatura dos Tratados de Roma que instituíram a Comunidade Económica Europeia, a sucessora da mesma procura desesperadamente provar a si própria e ao mundo que pode superar o teste mais difícil da sua história. Mesmo que não possamos esquecer aqui que muitos problemas não têm origem interna, mas resultam da crise financeira dos anos 2008 e seguintes, na sequência da qual os gestores dos bancos se converteram, de um dia para o outro, em crentes no Estado

---

[9] «Sociedade do risco», neste sentido, é uma outra palavra para a situação que se criou de «desconhecimento»; cf. Ulrich Beck, «Wissen oder Nicht-Wissen? Zwei Perspektiven 'reflexiver Modernisierung'», em Ulrich Beck/Anthony Giddens/Scott Lash, *Reflexive Modernisierung. Eine Kontroverse*, Frankfurt am Main: Suhrkamp 1996, pp. 289-315; Ulrich Beck/Peter Wehling, «The politics of non-knowing: An emerging area of social and political conflict in reflexive modernity», em *The Politics of Knowledge*, organizado por Fernando Domínguez Rubio e Patrick Baert, Londres/Nova Iorque: Routledge 2012, p. 33-57.

e os governos criaram pacotes de ajuda gigantescos, a situação atual recorda-nos um defeito de nascença do euro que é central: criou-se um mercado comum, com uma moeda parcialmente comum, num espaço económico de dimensão continental, com a população correspondente, mas não foi dado o passo para uma verdadeira União em termos de política económica, pelo que não foi possível coordenar eficazmente as economias dos Estados da zona euro. A ideia de um «nacionalismo recíproco», segundo a qual todos os Estados têm a obrigação de controlar, eles próprios, os seus problemas financeiros e evitar consequências negativas para os outros, pode ser suficiente em tempos bons, mas fracassa inevitavelmente em tempos de crise. Os acontecimentos do verão de 2012 mostram, simultaneamente, com toda a clareza, a estreita interdependência existente entre todos: se um país for à bancarrota, arrasta outros consigo.

No entanto, a turbulência faz-nos muitas vezes esquecer que a UE, apesar da sua imperfeição, tem conquistas extraordinárias a apresentar: A União Europeia conseguiu o milagre de transformar inimigos mortais em vizinhos; os seus cidadãos usufruem de liberdades políticas e de um nível de vida com o qual as populações noutras partes do mundo nem sonham; a adesão à UE permitiu às ex-ditaduras da Grécia, Portugal e Espanha transformarem-se em democracias estáveis; a UE, com 27 Estados (após a adesão da Croácia, prevista para 1 de julho de 2013, serão 28) e com mais de 500 milhões habitantes, constitui o maior mercado e bloco comercial do mundo; é possível que o modelo social e económico – a moderação do capitalismo pelo Estado-Providência – esteja a enfrentar dificuldades, mas continua a dispor de normas e impulsos importantes para responder à crise financeira; as pessoas da África subsariana ou do mundo árabe acorrem às costas do continente prometido, correndo riscos enormes; o desejo da Sérvia, e de outros Estados sucessores da antiga Jugoslávia, de aderirem à União também prova que a Europa organizada continua a ser apelativa enquanto lugar de liberdade e de bem-estar. E, agora, existe o perigo de tudo isto entrar em colapso.

O sucesso da União Europeia é, simultânea e paradoxalmente, uma razão para ela ser pouco apreciada. Muitas das suas conquistas tornaram-se tão óbvias para as pessoas que, provavelmente, elas só repararíam nas mesmas se elas deixassem de existir. Imaginemos a reintrodução do controlo de passaportes nas fronteiras e nos aeroportos; imaginemos que não houvesse em toda a UE normas fiáveis relativas aos alimentos, que não houvesse liberdade de expressão e de imprensa (que não é hoje respeitada pela Hungria, pelo que o país está sob severa observação); imaginemos que não fosse possível aceitar sem grandes obstáculos burocráticos empregos para estudantes em Barcelona ou Avignon; imaginemos que voltasse a ser necessário trocar dinheiro em viagens a Paris, Madrid ou Roma e fixar cotações de câmbio. A «pátria Europa» tornou-se uma segunda natureza para nós e esta pode ser precisamente uma das razões pela qual desistimos dela de forma tão leviana.

Em todo o caso, encontramo-nos num momento histórico difícil no qual nos deveríamos voltar a lembrar da definição de crise de Antonio Gramsci. A crise, diz Gramsci, é o momento em que a velha ordem mundial morre e em que é necessário lutar por um mundo novo, contra resistências e contradições. Porém, é precisamente esta fase de transição que é marcada por muitos equívocos e desordens[10]. É precisamente a isto que estamos a assistir atualmente: uma cesura, um interregno, a simultaneidade do colapso e do despontar – com o resultado em aberto[11]. Perplexidade, medo, não saber, frustração, inquietação, mas também desejo de mudança – tudo isto é típico destas situações confusas, nas quais as expectativas das pessoas deixaram de ser compatíveis com os arranjos institucionais que deveriam satisfazê-las. No entanto, todos estes sintomas podem ser sinais de mudança iminente, tais como mostram os exemplos históricos da Reforma, da Revolução Francesa e do colapso do Bloco de Leste. A insatisfação também é sempre resultado de determinadas pretensões, surgidas ao longo da história. Nós, europeus, vivemos em sociedades que proclamaram a liberdade *e* igualdade para todos como seus princípios fundamentais. Por conseguinte, enquanto observador sociológico não me surpreende o facto de as pessoas na Grécia ou em Espanha se revoltarem contra um sistema gerador de tanta desigualdade e injustiça e que imputa, escandalosamente, aos grupos mais fracos os custos produzidos por um sistema financeiro que ficou descontrolado. Este tipo de discrepância entre as expectativas e a realidade é sempre motor para a mobilização social. De facto, nos últimos meses e nos últimos anos, vimos como as pessoas em Nova Iorque,

---

[10] Antonio Gramsci, «Vergangenheit und Gegenwart», em *idem*, *Gefängnishefte*, org. por Klaus Bochmann e Wolfgang Fritz Haug, volume 2: *Caderno 2-3*, Hamburgo, Argument Verlag 1991 [1930], § 34.

[11] Refiro-me aqui à transição da primeira para a segunda Modernidade; sobre esta questão cf. *Die Modernisierung der Moderne*, org. por Ulrich Beck e Wolfgang Bonß, Frankfurt am Main: Suhrkamp 2001; *Entgrenzung und Entscheidung. Was ist neu an der Theorie reflexiver Modernisierung?* org. por Ulrich Beck e Christoph Lau, Frankfurt am Main: Suhrkamp 2004.

Londres, Madrid ou Atenas saíram à rua – um ponto ao qual voltarei no fim deste ensaio.

3. A cegueira da economia

Existem, hoje, multidões de peritos dispostos a oferecer-nos orientação face ao desconhecimento ou à confusão que as modernas sociedades de risco criam, de certa maneira, automaticamente. Os economistas que se pronunciam sobre a crise tornam o mundo mais compreensível neste processo, mas os «os entendidos do capital»[12] reduzem, atualmente, a complexidade dos mercados financeiros globais de uma forma estranha: personalizam e emocionalizam os processos dos mercados, introduzindo na linguagem bolsista, marcada pela racionalidade, conceitos utilizados para descrever estados emocionais, assumidos do repertório terapêutico: os mercados «estão muito nervosos», não se deixam «enganar», são «tímidos», «têm medo» e tendem para «reações de pânico».

Também poderíamos dizer o seguinte: a perspetiva económica é cega e torna as pessoas cegas em termos sociais e políticos, os conselhos dos economistas que dominam o debate baseiam-se num «analfabetismo» político-social (Wolfgang Münchau)[13]. Esta cegueira resulta, possivelmente, do facto de os economistas olharem

---

[12] Wolfgang Streeck, «Die Krisen des demokratischen Kapitalismus», em *Lettre International* 95/2011, pp. 7-13.

[13] Wolfgang Münchau, «The prize for European political illiteracy», em *Financial Times* (8 de abril de 2012), disponível *on-line* em < http://www.ft.com/intl/cms/s/o/48d37a50-7da4-11e1-bfa5-00144eab49a.html#axzz22rtQ3XTq > (consultado em agosto de 2012).

sempre para o mundo através de um modelo qualquer – e se os modelos não se adequam, surge um problema. Wolfgang Münchau fez um resumo interessante desta situação no *Financial Times*:

> «Os macroeconomistas não possuem, em geral, qualquer modelo adequado para a União Monetária Europeia. Confundem-na com um 'loose fixed-exchange-rate system' [uma associação monetária, na qual as taxas de câmbio estão fixadas dentro de certos intervalos; *N.A.*] ou um país com uma moeda, portanto, sistemas para os quais dispõem de modelos. Porém, estes modelos não são apropriados para uma união monetária, uma vez que ela não é nem um Estado, nem um arranjo livre entre Estados no qual os Estados-Membros continuam a exercer a sua plena soberania. [...] É certo que existe [em tratados relevantes; *N.A.*] algum espaço de manobra para a adesão de Estados que, por enquanto, se decidiram contra o euro, tal como a Dinamarca ou a Grã-Bretanha. No entanto, não existe qualquer espaço de manobra para a saída de um ou de vários países.»[14]

Precisamente este último ponto mostra muito bem como as propostas dos peritos em economia induzem em erro o público e a política. Muitos falam como se a saída da Grécia do euro fosse a solução. Então – esta é a mensagem implícita ou explícita – os alemães não seriam obrigados a «sofrer» pelos gregos. Mas tais afirmações são demasiado curtas, são até erradas, no mínimo, por quatro razões:

Primeiro: a saída de um Estado-Membro do euro não está regulamentada. Quanto muito, só poderia acontecer

---

[14] *Ibidem*.

a pedido do país em causa. No entanto, a maioria dos gregos quer permanecer na União Monetária.

Segundo: o regresso da Grécia à dracma implicaria um corte de dívida que afetaria bancos e empresas em todo o mundo – sobretudo instituições financeiras alemãs, francesas e americanas que investiram anteriormente nas então «vantajosas» obrigações soberanas gregas. Mas isto significa que uma saída da Grécia da zona euro poderia causar o risco de uma reedição da bancarrota do Lehman Brothers.

Terceiro: mesmo que os gregos, no caso da sua saída, deixassem de receber apoios financeiros do pacote de resgate europeu, continuariam a ter direito a ajuda enquanto Estado-Membro da União Europeia com problemas (é, de resto, por isso que os britânicos defendem tão veementemente as chamadas euro-obrigações e a permanência da Grécia na zona euro – caso contrário, também eles teriam de pagar.) Como não há ninguém que possa estar interessado em que a Grécia se afunde no caos e na anarquia – ou regresse mesmo à ditadura militar –, os outros Estados-Membros da UE teriam de apoiar o Estado com montantes hoje ainda inimagináveis e incalculáveis. A perspetiva da economia não pode e não quer ver os custos sociais que uma recaída no nacionalismo, talvez até na xenofobia, violência e ditadura implicaria para os próprios gregos, mas também para os europeus e a comunidade mundial. Por esta razão, também não está ninguém em posição de «calcular» o que ficaria mais caro para nós: a permanência ou a saída da Grécia do euro.

Quarto: portanto, o que deveríamos discutir era se os gregos não deveriam abandonar não só o euro, mas também a UE. No entanto, esse passo teria consequências fatais, antes de mais para a própria Grécia, uma vez que ficaria impedida de aceder a recursos importantes para a sua sobrevivência (por exemplo, os apoios à agricultura da UE). Aliás, tal passo também teria consequências graves para os outros Estados da UE, se pensarmos que a Grécia (além de países como a Espanha, Itália, Portugal, etc.) protege as fronteiras externas da União.

Portanto, os modelos abstratos dos economistas não mostram quanto custaria realmente uma saída da Grécia ou de outros países devedores do euro: os aforradores perderiam grande parte do seu património, existiria o perigo de colapso do Estado, de pobreza para a classe média, de exclusão dos pobres e, para todos os europeus, o perigo, a longo prazo, de um problema caro em termos económicos, sociais e políticos.

4. Política interna europeia: o conceito do «político» marcado pela perspetiva de Estados nacionais é anacrónico

Há alguns anos escrevi o seguinte, no meu livro intitulado *Die Erfindung des Politischen* [*A invenção do «político»*]:

> «É necessário negociar e esboçar novamente [...] o modelo da modernidade ocidental. [...] [Não se trata apenas de] uma política que executa regras, mas também [de] uma política que altera regras, [...] não só uma política de poder, mas também uma política de *configuração*. [...] Colocam-se-nos cada vez mais questões em situações não abrangidas pelas instituições, conceitos e conceções habituais do 'político' e às quais nem estes podem dar respostas adequadas.»[15]

---

[15] Ulrich Beck, *Die Erfindung des Politischen. Zu einer Theorie reflexiver Modernisierung*, Frankfurt am Main: Suhrkamp 1993, pp. 17 ss.; *Macht*

Quando falamos aqui de regras e instituições antigas, referimo-nos, em primeiro lugar, às regras e instituições da política de Estados nacionais. A crise atual do euro demonstra-nos de forma mais que explícita que as mesmas deixaram de ser adequadas aos problemas e às tarefas e, por conseguinte, que as regras têm de se alteradas. No velho mundo dos Estados nacionais teria sido impensável que, daqui em diante, os contribuintes na Alemanha, na Finlândia ou nos Países Baixos sejam garantes dos riscos orçamentais de outros países da zona euro ou das dívidas de bancos espanhóis. Mas mesmo as regras cujo cumprimento, segundo a Comissão Europeia, o Banco Central Europeu e o Fundo Monetário Internacional, enquanto instituições transnacionais, constitui a condição para a concessão de mais créditos estão atrasadas em relação à crise que se agrava de forma cada vez mais dramática. E mesmo a ideia segundo a qual a Alemanha e outros países dadores poderiam controlar a política orçamental de outros países da zona euro através do pacto fiscal está, em última análise, presa à perspetiva nacional. No fundo, nesta questão também seria necessário alterar as regras de modo a que, no futuro, fosse possível uma política económica e financeira comum na Europa. Se, pelo contrário, as pessoas se regem pelas regras antigas – como exigem aqueles que apresentaram queixa no Tribunal Constitucional, em Karlsruhe*, contra a criação do Mecanismo (permanente) Europeu de Estabilidade (MEE) e do pacto fiscal, uma vez que, na sua opinião, este viola a soberania orçamental do Bundestag, garan-

---

und Gegenmacht im globalen Zeitalter. Neue weltpolitische Ökonomie, Frankfurt am Main: Suhrkamp 2002.

* O Tribunal Constitucional alemão está sediado na cidade de Karlsruhe (*n.t.*).

tida na Constituição – descobrimos rapidamente que as velhas normas e procedimentos, na realidade, são pesados e demasiado lentos para tratar os desafios atuais. Dito por outras palavras: existem tempos para a pequena política, que executa as regras, e existe um tempo para grande política, uma política que altera as regras. Para encontrar uma resposta adequada à crise do euro – ou aos perigos das alterações climáticas ou do capitalismo financeiro desregulado – é necessária a grande política. A ideia de que em época de riscos globalizados seria possível agir segundo o lema «conseguimos resolver o problema sozinhos» revela-se uma ilusão fatal.

Nestas condições, deixou de ser possível manter a simples distinção entre a política interna e externa. Precisamente na Europa em crise observamos como as fronteiras são cada vez mais difusas. Muitos autores exigem há anos, aliás, há décadas, uma «política interna europeia», uma política com legitimação democrática, que no interesse da UE se empenhe em áreas como a política social, de ensino ou económica. Agora vemos como, face à crise, surge, de facto, algo que poderíamos designar como «política interna europeia», mas que tem pouco a ver com a exigência atrás esboçada. A Europa torna-se um tema da política interna nos Estados-Membros: foi o que aconteceu nas eleições presidenciais em França na primavera de 2012 e nas eleições parlamentares na Grécia; a nova estrela política grega, Alexis Tsipras, viajou, em maio de 2012, pelas capitais da UE, Berlim e Paris, para impressionar os eleitores na Grécia com imagens da sua competência política europeia. Angela Merkel apresenta-se na Alemanha como uma Chanceler de Ferro que deixou de tolerar aos países do Sul a sua falta de disciplina; as declarações sobre política europeia do primeiro-ministro britânico, David Cameron, visam os ressentimentos na população e o aplauso dos banqueiros na praça financeira de Londres.

Portanto, neste caso, a «política interna europeia» significa que as pessoas não se orientam pelo bem comum europeu, mas pelas eleições, pelos meios de comunicação social e pelos interesses económicos nacionais. Trata-se sempre em primeiro lugar da sobrevivência política em casa. E esta – segundo se acredita – é mais fácil de garantir demonstrando ceticismo e sobrepondo os interesses nacionais, do que através de uma defesa de um futuro comum para a União Europeia. À maioria dos políticos nem sequer lhes passa pela cabeça arriscar algo pela Europa no campo da política interna[16].

Aliás, a própria política europeia do presidente norte-americano Barack Obama é motivada, em grande parte, pela política interna. Em maio de 2012, Obama respondeu o seguinte à pergunta acerca da razão pela qual a crise do euro é importante para os EUA: «A crise europeia também nos diz respeito, porque a Europa é o nosso maior parceiro comercial. [...] Se em Paris ou

---

[16] É necessário aguardar para ver em que medida a proposta mais recente em termos de política europeia, apresentada pelos sociais-democratas alemães Sigmar Gabriel e Peer Steinbrück, que exigem uma responsabilidade comum pelas dívidas, representa uma exceção duradoura neste contexto. Steinbrück está bem ciente dos riscos associados a esta proposta. Disse o seguinte, numa entrevista ao *Süddeutsche Zeitung*, em agosto de 2012: «Não nos resta mais nada senão explicar repetidamente o valor que a Europa possui num mundo em rápida mudança. Não digo isto só no sentido económico, mas também político, cultural e social. Temos de dizer às pessoas que a paz e a prosperidade não são óbvias, mas que temos de prosseguir o caminho da integração.» (Susanne Höll/Claus Hulverscheidt, «Das wird schwer für die SPD», entrevista com Peer Steinbrück, em *Süddeutsche Zeitung* [11 de agosto de 2012], p. 8)

em Madrid baixar a procura dos nossos produtos, as empresas industriais em Pittsburgh ou Milwaukee poderão receber menos encomendas.»[17] Portanto, a crise do euro ameaça empresas e bancos americanos, logo, a reeleição de Obama. O presidente norte-americano, a lutar pelo segundo mandato, preocupa-se com a Europa. Mas Merkel, cujo pensamento e ação se deixam conduzir pelo cálculo de poder da política interna, continua (por enquanto) a teimar. A revista *Der Spiegel* faz um resumo lapidar: «Ela tem menos medo de Barack Obama do que dos eleitores alemães»[18].

É mais raro acontecer o contrário, isto é, casos em que interesses europeus superiores determinem a política interna a nível nacional. Wolfgang Schäuble, ministro das Finanças alemão, deu um exemplo recente disto mesmo, ao apelar ao aumento dos salários na Alemanha, para apoiar o euro. Assumiu o papel, por assim dizer, de um ministro europeu da política salarial: «É correto os salários no nosso país crescerem mais do que em todos os outros países da UE. O aumento dos salários na Alemanha contribui para a redução dos desequilíbrios na Europa.»[19]

---

[17] Citado em Helene Cooper, «World leaders urge growth, not austerity», em *The New York Times* (19 de maio de 2012), disponível *on-line* em < http://www.nytimes.com/2012/05/20/world/world-leaders-at-us-meeting-urge-growth-not-austerity.html?pagewanted=all > (consultado em agosto de 2012).

[18] Dirk Kurbjuweit/Ralf Neukirch/Christian Reiermann/Christoph Schult, «Europa der zwei Europas», em *Der Spiegel* 44/2011, p. 24-28, disponível *on-line* em < http://www.spiegel.de/spiegel/print/d-81302966.html > (em julho de 2012).

[19] Citado em «Schäuble: Die Löhne können kräftig steigen», em *Frankfurter Allgemeine Zeitung* (5 de maio de 2012), disponível *on-line* em < http:/www.faz.net/aktuell/wirtschaft/tarifverhandlungen-schaeuble-

5. A crise da União Europeia não é uma crise de dívida

A crise financeira abriu um fosso entre os países do Norte e os países do Sul da UE, que se aprofunda cada vez mais devido aos fluxos de refugiados e aos custos associados ao acolhimento dos mesmos, uma vez que aqueles que fogem à perseguição, à guerra civil e ao caos não sobrecarregam a Europa no seu todo, mas sobretudo os funcionários alfandegários e os guardas fronteiriços em países já enfraquecidos como a Grécia, Espanha, Itália e Portugal. No regime fronteiriço da UE, em vigor, aplica-se a seguinte regra: o país que tem de iniciar e concluir o processo de asilo é aquele ao qual os refugiados chegam. Embora recebam pagamentos compensatórios da UE, os países do Sul da Europa sentem-se explorados e abandonados. Compreende-se por que razão surgem cada vez mais atos xenófobos e agressões ou até erupções de violência aberta contra refugiados nos Estados fronteiriços da Europa, fracos em termos financeiros.

É aqui que se revela o que está hoje em jogo. Não se trata apenas de impedir o colapso do euro. O que está em causa é muito mais de que isso: o colapso dos valores europeus de abertura ao mundo, paz e tolerância. Quem encara a crise europeia essencialmente como uma crise económica, pode tornar-se facilmente cego para aquilo que está realmente em jogo: criar uma Europa em posição de encontrar respostas para a mudança fundamental e para os grandes desafios, sem recair na xenofobia e na violência. À primeira vista, tudo na crise europeia gira à volta de dívidas, défices orçamentais, problemas financei-

---

die-loehne-koennen-kraeftig-steigen-11740624.html > (consultado em agosto de 2012).

ros. Mas a verdadeira questão, a questão mais profunda é a seguinte: até que ponto pode, deve ou tem de ser ou de se tornar a Europa solidária?

Quem considera a Europa igual ao euro, já desistiu da Europa. A Europa é uma aliança de antigas culturas mundiais e superpotências que procuram uma saída da sua história bélica. A arrogância dos europeus do Norte em relação aos países do Sul, alegadamente preguiçosos e sem disciplina, demonstra um esquecimento simplesmente brutal da história e uma ignorância cultural. É realmente necessário lembrar que a Grécia não é só um país devedor, mas também o berço da Europa, das suas ideias e dos seus valores fundamentais? Os alemães já se esqueceram quanto da sua história das ideias e do pensamento devem à Antiguidade grega?[20]

Friedrich Nietzsche já havia contraposto uma autocompreensão europeia à estreita compreensão nacional que os alemães possuem de si mesmos. «Não», confessa Nietzsche na sua *Gaia Ciência*, «nós [apátridas] não somos [...], de longe, suficientemente 'alemães', [...] para nos podermos alegrar com os males cardíacos e a sépsis, por causa dos quais agora, na Europa, um povo se separa do outro como se houvesse quarentenas». Ele critica veementemente «uma política que torna o espírito alemão um deserto, ao torná-lo vaidoso», e contrapõe o seguinte: «Nós somos, numa palavra – e esta devia ser a nossa palavra de honra! –, bons europeus, os herdeiros da Europa, os ricos, os assoberbados, mas também ex-

---

[20] Cf. Ulrich Greiner, «Die Antike in Ehren», em *Die Zeit* (31 de maio de 2012).

tremamente comprometidos herdeiros de milénios de espírito europeu...!»[21]

Sem os valores da liberdade e da democracia que são os seus, sem a sua origem e dignidade cultural, a Europa não é nada.

---

[21] Friedrich Nietzsche, «Fünftes Buch. Wir Furchtlosen: Wir Heimatlosen», em *idem*, *Die fröhliche Wissenschaft*, Leipzig: Alfred Kröner Verlag (1930) [1887]), pp. 295 ss.

II. NOVAS COORDENADAS DO PODER NA EUROPA: COMO SE CHEGOU À EUROPA ALEMÃ

1. A Europa ameaçada e a crise do «político»

É frequente observar-se, hoje, entre os intelectuais uma espécie de reflexo de fuga face às mudanças profundas na política mundial que levam ao não cumprimento das expectativas comuns e ao fracasso dos instrumentos teóricos familiares, assim como da política. Isto aplica-se sobretudo também às ciências sociais cujas teorias e estudos empíricos, na maioria das vezes, analisam a *reprodução* da ordem social e política, mas não a sua *transformação* [22]. É óbvio que estas abordagens também preveem algumas mudanças sociais, contudo, embora observem todas as mudanças radicais, os autores perguntam-se permanentemente como, apesar de todas as alterações, se reproduz a ordem social e política dos Estados nacionais [23].

---

[22] É necessário distinguir entre *mudanças sociais* e *transformação* da ordem social e política. Estabeleci num outro texto uma distinção entre mudanças sociais e «mudanças dos fundamentos» (no sentido de «mudanças do sistema de referência das mudanças» ou «metamudanças»); cf., por exemplo, Ulrich Beck, «Jenseits von Klasse und Nation: Individualisierung und Transnationalisierung sozialer Ungleichheiten», em *Soziale Welt* 59/4 (2008), pp. 301-325.

[23] Os autores em causa, olhando para o presente e para o futuro, perguntam como se reproduz a ordem de classe (Pierre Bourdieu), a ordem do poder (Michel Foucault), a ordem burocrática (Max Weber)

No entanto, se olharmos para os acontecimentos e para as tendências fraturantes das últimas décadas – a catástrofe nuclear de Chernobyl, o colapso da União Soviética, os ataques do 11 de setembro, as alterações climáticas, a crise financeira e do euro – repararemos que todos eles possuem duas características em comum: por um lado, eram *inimagináveis* antes de ocorrerem; por outro, o seu caráter e as suas consequências são *globais*. Trata-se de acontecimentos mundiais no sentido literal da palavra, que revelam uma interligação cada vez mais estreita entre os espaços de ação e os espaços vitais e que ficam fora do alcance dos instrumentos e categorias de pensamento e de ação dos Estados nacionais. Não só eram praticamente inimagináveis no contexto do paradigma de reprodução da ordem dos Estados nacionais, como também extravasaram radicalmente este quadro de referência, pondo-o, assim, em causa. A teoria da sociedade do risco, pelo contrário, parte, conscientemente, das ameaças que a modernidade coloca a si mesma e atribui um lugar central à questão da fragilização da ordem dos Estados nacionais perante potenciais catástrofes e à forma como a compreensão do poder, a desigualdade social e o «político» como tal se altera. Esta perspetiva permite formular três teses no que diz respeito à crise da Europa:

Primeiro: Assistimos, hoje, a uma inflação de potenciais catástrofes e colapsos. Neste contexto, é no entanto necessário distinguir claramente entre catástrofe e *retórica*

---

ou o sistema (autopoiético) (Niklas Luhmann). Enquanto estes autores se concentram no funcionamento normal do «político» e da sociedade e demonstram, com perspicácia, a resistência à mudança das instituições estabelecidas, a minha teoria do risco global concentra-se no caso excecional que perturba as rotinas habituais. No entanto, este caso excecional tornou-se normal na sociedade mundial do risco.

da catástrofe. É precisamente isto que o conceito de risco na teoria da sociedade do risco pretende exprimir: o discurso sobre riscos refere-se sempre a potenciais catástrofes futuras, que devem ser antecipadas e evitadas no presente [24]. No quadro da crise do euro, isto significa o seguinte: embora já existam atualmente catástrofes pessoais e sociais dramáticas (muitos gregos já não podem pagar consultas médicas ou internamentos hospitalares; cerca de metade dos jovens espanhóis está desempregada), no que diz respeito às instituições fundamentais do euro e da União Europeia, encontramo-nos ainda numa situação de risco[25]. Um cenário de verdadeira catástrofe

---

[24] Normalmente, fala-se de «crise», mas aqui, na maior parte das vezes, fala-se de «risco» – qual é a relação entre estes dois conceitos? O conceito «risco da Europa», que introduzi aqui, inclui o conceito «crise do euro» (ou «crise da Europa»), mas vai essencialmente mais longe em três pontos: *primeiro*, o conceito de crise encobre a diferença entre o risco (encenado), enquanto futuro presente, e a catástrofe enquanto o presente futuro (sobre o qual não podemos, em última análise, saber nada). O discurso sobre a crise «ontologiza» simultaneamente a diferença entre catástrofe antecipada e atual, aqui no centro das atenções. *Segundo*, hoje, a utilização do conceito de crise ilude a possibilidade de, no processo de resolução da crise, regressar ao *status quo ante*. Pelo contrário, o conceito de risco revela a «diferença secular» entre a ameaça global e as possíveis respostas disponíveis no quadro da política dos Estados nacionais. No entanto, com isto afirma-se, simultaneamente – e este é o *terceiro* ponto –, que o risco, tal como o entendo, não representa uma exceção – como a crise –, mas torna-se uma situação normal e, portanto, o motor de uma transformação maior da sociedade e do «político».

[25] Lluís Bassets escreve, no diário *El País*, que esta experiência da possível catástrofe, da mortalidade do euro «recorda as orações pela chuva. Quanto mais repetidas [...], tanto mais real se tornará a imagem sombria, inoportuna de uma Europa sem euro e de um mundo sem Europa. [...] Já todos percebemos perfeitamente: o euro é mortal; ele pode expirar nos nossos braços já nos próximos dias. [...] Em espírito,

seria o desmembramento da União Monetária, o que, numa reação em cadeia, poderia arrastar para o abismo tanto a União Europeia no seu todo, como a economia mundial. Portanto, neste ponto estamos novamente perante o condicional catastrófico que constitui o quadro interpretativo deste ensaio.

Muitas pessoas confundem a sociedade *do risco* com uma sociedade *de catástrofe*. A última seria uma espécie de sociedade do Titanic, na qual reina o «demasiado tarde», o declínio fatal, o pânico da ausência de perspetiva. A minha abordagem visa demonstrar – para mantermos a mesma imagem – que o escolho ainda pode ser evitado, se mudarmos de direção. Nesta medida, existe aqui uma afinidade eletiva entre a teoria da sociedade do risco e o princípio da esperança, de Bloch.

Segundo: tal como outros grandes riscos (pensemos, por exemplo, na energia nuclear ou nas alterações climáticas), o risco da Europa também é, por princípio, incontrolável. O surgimento da catástrofe não é passível de ser calculado ou dominado através dos instrumentos de previsão, prevenção, gestão da incerteza ou garantia disponíveis. A particularidade histórica reside no facto

---

já pisámos terreno desconhecido. [...] Portanto, não é surpreendente que as fábricas europeias de documentos, de manifestos, de artigos e de relatórios de emergência procurem encontrar uma fórmula nas últimas horas que abriria o caminho às euro-obrigações, à solidariedade salvadora, à união de transferência, proibida até à data pela Alemanha, e, simultaneamente, poderia garantir a política de austeridade, o controlo e a responsabilidade exigidos pela Angela Merkel. [...] O problema consiste no facto de só uma pequeníssima parte destas ideias ser imediatamente exequível e de a sua eficácia, numa altura em que é necessário enfrentar a aposta dos mercados sobre a mortalidade do euro, não estar provada.» («El euro es mortal», em *El País* [28 de junho de 2012).

de, neste caso, a incontrolabilidade ter origens internas ou até de se basear na vontade política: introduziu-se uma moeda comum sem que tivessem sido criadas simultaneamente instituições para supervisionar e coordenar eficazmente a política económica e financeira dos países da zona euro.

Terceiro: o risco encerra a mensagem: é tempo de agir! O risco arranca as pessoas à sua rotina e os políticos às chamadas limitações. O risco é uma incerteza quotidiana que deixou de ser aceitável e uma catástrofe que ainda não se verificou. O risco abre os olhos, desperta simultaneamente a esperança de uma saída positiva. Este é o paradoxo do encorajamento através de riscos globais. O risco é, nesta medida, sempre também uma categoria política: afinal, ele liberta a política das velhas regras e entraves institucionais.

Como está tanta coisa em jogo, existem hoje, subitamente, opções na ordem do dia que eram consideradas até há pouco como completamente erradas e que só eram defendidas por *outsiders*: «imposto sobre transações financeiras», «euro-obrigações», «união bancária», «licença bancária» – por detrás de todas estas palavras artificiais, que desencadeiam a aprovação de uns e um abanar de cabeça de outros, escondem-se pequenas revoluções. Por exemplo, a «união bancária» significa uma utopia tecnocrática que, através de interferências de Bruxelas ou Frankfurt, poria em causa o direito orçamental nacional, um dos santuários da democracia protegido pelas constituições. Planeia-se, simultaneamente, uma «comunidade de responsabilidade» que inverte completamente tudo aquilo que era considerado óbvio, nomeadamente, a impossibilidade de, por exemplo, os alemães terem de se responsabilizar, com o seu dinheiro, pela – como se diz frequentemente – «imprudência dos habitantes dos países do Sul«, que «viviam acima das suas possibilidades».

Observa-se, mais uma vez, que quando a expectativa da catástrofe determina a consciência pública, os fundamentos da sociedade e do «político» alteram-se, as antigas instituições deixam de ser adequadas aos problemas, é possível ou até necessário alterar as regras. Abrem-se, assim, espaços de manobra para processos negociais, pequenas e grandes revoluções, algo que era impensável até à data. Mesmo que muitas das teorias relevantes afirmem que a política acabou[26], assistimos, atualmente, precisamente ao contrário: estamos numa época em que o «político» assume novas formas.

Não se sabe que direção acabará por tomar a transformação da ordem da sociedade e da política baseada em Estados nacionais. É possível imaginar, pelo menos, dois cenários completamente diferentes que eu gostaria de designar como o cenário *hegeliano* e o cenário *Carl Schmitt*.

No primeiro caso, os egoísmos nacionais determinarão as respostas à crise até o carro político chamado «Europa» ficar pendurado com as rodas dianteiras sobre o escolho. Nesta situação, olhar para o abismo poderia desencadear forças terapêuticas, se os atores reconhecerem, no último minuto, que insistir numa atitude em que

---

[26] Ver, por exemplo, os autores referidos na nota de rodapé 23. A política é equiparada, na maioria das vezes, à política dos Estados nacionais. Portanto, o que se pretende afirmar é que as *conceções* desta política sobre a política nacional/internacional caducaram. Pelo contrário, a questão de saber quais as novas formas (transnacionais) da política fica ofuscada. Carl Schmitt também partiu da dissolução da política estatal. No entanto, na crise atual, o que se revelou até à data foi o contrário: os Estados-Membros são os atores decisivos na resolução da crise da Europa.

cada um age por si levará, necessariamente, à catástrofe. Assim, o imperativo cosmopolita do «coopere ou morra» impor-se-ia, por assim dizer, «nas costas» daqueles que agem segundo os egoísmos nacionais. Neste sentido, a «astúcia da razão» hegeliana tem, aqui, uma oportunidade histórica.

Há duas questões centrais neste cenário: como poderá a capacidade de ação da política ser reconquistada na era dos riscos globais? E: como é possível concretizar democraticamente uma cooperação transnacional? Como é possível conciliar, por exemplo, o direito orçamental dos parlamentos nacionais e a necessidade de reagir rápida e decididamente a novos acontecimentos no contexto da crise? Como podemos reforçar a democracia a nível europeu?

O *cenário Carl Schmitt* é bastante mais sombrio. Tal como já expus atrás, a antecipação da catástrofe desencadeia um movimento da paisagem política, para permitir abrir um jogo de estratégia de poder. Surgem novas opções, os riscos podem ser utilizados de forma orientada como instrumento de legitimação. Este é o ponto em que a teoria da sociedade do risco e as reflexões de Carl Schmitt sobre o estado de exceção se encontram. «A exceção é mais interessante de que o caso normal», diz Carl Schmitt. «Aquilo que é normal não prova nada, a exceção prova tudo; ela não só confirma a regra, como é dela que esta vive. Na exceção, a força da verdadeira vida quebra a crosta de um mecanismo cristalizado na repetição.»[27] No estado de exceção, portanto, em «caso de emergência extrema», de «ameaça à existência do Estado ou algo

---

[27] Carl Schmitt, *Politische Theologie. Vier Kapitel zur Lehre von der Souveränität*, 9.ª edição. Berlim: Duncker & Humblot 2009 [1934], p. 21.

semelhante»[28], é legítimo suspender a ordem existente, para proteger o bem comum. «Soberano é aquele que decide sobre o estado de exceção.»[29]. Contudo, enquanto Schmitt põe no centro a lógica da ameaça de guerra, a teoria da sociedade do risco põe a lógica do risco.

A sociedade do risco é uma sociedade (latentemente) revolucionária, na qual deixou de ser possível distinguir claramente entre estado normal e estado de exceção. Quando se enfrenta a ameaça que põe em causa a continuação do euro e da União Europeia, negocia-se implicitamente também um estado de exceção que já não está limitado apenas aos Estados nacionais. Estamos confrontados com um «estado de exceção transnacional» que pode ser utilizado de várias formas (legitimadas tecnocrática ou democraticamente) por agentes muito distintos (políticos nacionais, representantes das instituições europeias não eleitos, como o BCE, movimento sociais, mas também gestores de poderosos grupos financeiros).

Estes cenários não devem ser entendidos como possibilidades que se excluem reciprocamente; nas disputas políticas, a que assistimos atualmente há elementos de ambos os cenários ligados entre si: irão os tecnocratas provenientes de diversos países juntar-se e tentar resolver a crise à margem dos parlamentos nacionais e do Parlamento Europeu? Irão os populistas em Estados devedores obter uma legitimação «democrática» para sair do euro, tendo em conta as exigências da austeridade? É possível convencer os cidadãos em toda a Europa da necessidade de resolver a crise em conjunto e em cooperação?

---

[28] *Idem*, p. 14.
[29] *Idem*, p. 13.

Todas estas questões tornam evidente a tensão entre a lógica do risco e a lógica da democracia. O progresso que a União Europeia representa, comparado com a história imperial, colonial e nacional da Europa, torna-se percetível na naturalidade com que os conceitos «Europa» e «democracia» são utilizados como sinónimos. Pelo contrário, o risco global gera a obrigação de uma ação rápida que ameaça anular as regras da democracia – a retórica da ameaça é sempre também uma retórica de legitimação. Como tal, a retórica da ameaça do fim da Europa também pode fazer nascer um monstro político. E nós vemo-nos confrontados com a seguinte questão: quanta democracia ainda permite a catástrofe iminente?

Resumindo, mais uma vez: a União Europeia pode evoluir em dois sentidos. Se a evolução for positiva, consegue ultrapassar definitivamente a história bélica dos Estados nacionais e dominar as crises atuais através de uma cooperação democrática. Caso contrário, as reações tecnocráticas à crise preparam o fim da democracia, uma vez que as medidas alegadamente necessárias são legitimadas através da invocação da catástrofe iminente, qualquer oposição é declarada como inadmissível e, neste sentido, a governação assume a forma absolutista.

Neste momento, ainda não é realmente previsível em que sentido se desenvolverá a União Europeia durante a crise. O que me parece aqui é a existência de tensões, situadas em dimensões distintas, e que podem ser caracterizadas através de pares de conceitos: 1.) mais Europa *versus* mais Estado nacional; 2.) «obrigatório por causa do perigo» *versus* «proibido pelas leis»; 3.) lógica da ameaça de guerra *versus* lógica da ameaça do risco;

4.) capitalismo global *versus* política nacional. Debruçar-me-ei, em seguida, mais pormenorizadamente, sobre estas quatro dimensões.

Mais Europa versus mais Estado nacional

O risco cada vez mais percetível de colapso despertou também (e esta é uma das afirmações decisivas da teoria do risco) o sonho de uma nova Europa. Gostaria de designar como «arquitetos da Europa» aqueles que defendem mais Europa neste sentido e desenvolvem novas ideias para a transformação e o reforço da mesma. A «união bancária» é uma das palavras de esperança com as quais os arquitetos da Europa se apresentam, para configurar o futuro da união política. A sua ideia-chave parte do pressuposto de que a catástrofe encerra um imperativo cosmopolita: coopera, impõe regras supranacionais, altera a ordem do «político» existente!

Os arquitetos da união bancária debatem-se com o problema de os bancos viverem a nível transnacional, mas morrerem a nível nacional. A ideia evidente consiste em contrariar a morte nacional dos bancos com regulamentos transnacionais e em criar uma nova autoridade europeia para este fim. Tecem-se igualmente considerações sobre uma espécie de Ministério das Finanças europeu[30]. No entanto, é precisamente a isso que opõem resistência os «defensores ortodoxos dos Estados nacionais», considerando a ordem política baseada em Estados nacionais

---

[30] Severin Weiland, «Der Traum vom neuen Europa», em *Spiegel online* (12 de junho de 2012), disponível *on-line* em < http://www.spiegel.de/politik/deutschland/eu-experten-suchen-in-bruessel-nach-weg-aus-der-euro-krise-a-838173.html > (consultado em agosto de 2012).

intocável. Baseiam-se – com alguma razão, afinal o que está em causa é uma contradição difícil de resolver – no argumento segundo o qual é necessário garantir a codecisão democrática. Severin Weiland escreve o seguinte sobre esta questão na *Spiegel on-line*:

> Será de esperar uma resistência enorme dos parlamentos. Afinal, trata-se de uma interferência profunda no seu bem mais precioso: o poder orçamental. Um organismo financeiro poderoso poderia constituir uma ameaça que muitos deputados consideram um horror – o regresso a um governo quase absolutista. Desta vez, na figura do Ministro das Finanças do euro, em Bruxelas. Seria inevitável haver referendo em muitos Estados, incluindo na Alemanha, segundo o artigo 146.º da Constituição.»[31]

O risco que ameaça a existência da União Europeia exige uma iniciativa política. O problema consiste no seguinte: esta ideia não é compatível com o sistema político baseado em Estados nacionais. Por conseguinte, aquilo a que, no passado, se chamava «revolução», tornou-se, agora, tarefa quotidiana da política. Um ou uma chefe de governo tem de insinuar – falando baixo ou alto, dando passos pequenos ou grandes – a derrocada da política baseada em Estados nacionais e, depois, talvez deva até desencadeá-la ou impô-la. As chancelerinas, os primeiros-ministros e os presidentes tornam-se, por assim dizer, «revolucionários a tempo parcial».

Na sequência destas polémicas, irrompem novamente por todo o lado questões de solidariedade, democracia e justiça que «estilhaçam o sistema». Não faltará no esboço arquitetónico da nova Europa a coluna adicional

---

[31] Severin Weiland, *Der Traum vom neuen Europa*, op. cit..

da democracia? Não faria sentido introduzir o cargo de Presidente europeu, eleito diretamente por todos os europeus – numa campanha eleitoral comum que criasse uma opinião pública europeia?

Os «ortodoxos» dos Estados nacionais rejeitam estes projetos revolucionários dos arquitetos da Europa. Invertem a visão de «mais Europa», lutam por mais Estado nacional e reclamam a legalidade do sistema em vigor. No entanto, isto coloca-os na posição incómoda de bloquear medidas de salvamento necessárias, tornando-se, eles próprios, aos olhos dos arquitetos da Europa, uma parte do problema que é necessário resolver.

O que foi aqui dito revela que o processo no qual os nossos problemas quotidianos se tornam europeus e as respostas institucionalizadas continuam a ser nacionais leva ao rompimento com a ordem social e política existente. Se as nações entregassem à Europa o controlo dos negócios bancários, não perderiam, em última análise, o poder de influência, mas ganhariam em termos de soberania, numa época em que é possível dizer com toda a segurança que o setor financeiro global já não pode ser regulado a nível nacional.

Portanto, na luta por uma união bancária europeia repete-se a lição política retomada constantemente no contexto das alterações climáticas ou após os ataques terroristas do 11 de setembro de 2001: muitas coisas poderiam ser mais fáceis se as pessoas, as organizações que defendem determinados interesses e os políticos deixassem cair a ideia antiquada da soberania nacional e compreendessem que a soberania só poderá ser reconquistada a nível europeu – com base na cooperação, no acordo e na negociação.

«*Obrigatório por causa do perigo*» versus «*proibido pelas leis*»

Heribert Prantl critica, no *Süddeutsche Zeitung*, a política europeia da chanceler alemã Merkel que, na sua perspetiva, «desrespeita e ofende o Tribunal Constitucional Federal alemão»:[32]

> «O Tribunal Constitucional Federal alemão pode dizer o que quiser, pode aconselhar, pedir, exigir, implorar – o Governo Federal faz aquilo que lhe apetece; e o Bundestag permite que tal aconteça. Deverão voltar a ser aprovados, dentro de poucos dias ou até dentro de poucas horas, tratados com um alcance simplesmente inimaginável. Os pacotes legislativos relativos ao pacto fiscal e ao Mecanismo Europeu de Estabilidade (MEE) deverão passar à pressa pelo Bundestag e pelo Bundesrat.»

Prantl deplora a existência de um «diletantismo executivo com vistas lamentavelmente curtas»:

> «O que está em causa nos novos tratados são enormes montantes de milhares de milhões e construções jurídicas desconhecidas do direito até à data. Cria-se uma empresa MEE que está acima do direito e acima das leis, uma empresa que pode apresentar queixas, mas contra a qual não se pode apresentar queixa, que pode fazer e deixar de fazer o que lhe apetecer.»

Para que não haja mal-entendidos: é certo que Heribert Prantl também se preocupa com o futuro da União

---

[32] Heribert Prantl, «Wie lange noch? Die Europa-Politik der Kanzlerin missachtet und beleidigt das Bundesverfassungsgericht», em *Süddeutsche Zeitung* (22 de junho de 2012), p. 4.

Europeia. No entanto, aquilo que ele aqui escreve é característico da argumentação dos «ortodoxos» dos Estados nacionais. Ele queixa-se de que acontece algo que é *proibido* pela Constituição, sem se perguntar seriamente se aquilo que é proibido pela Constituição poderia ser *obrigatório* para salvar o euro, a União Europeia, ou, em última análise, até a economia mundial, do colapso. Winfried Hassemer, antigo vice-presidente do Tribunal Constitucional Federal alemão, pergunta-se neste contexto: «Quanta pressão de tempo é benéfica para o direito?»[33]. Mas também deve ser permitida uma pergunta no sentido contrário: quanto tempo de espera aguentará a Europa?[34] Quem ignora ou minimiza o perigo que paira sobre a Europa, para eternizar a situação consagrada na Constituição, simplifica demasiado as coisas.

Portanto, os arquitetos da Europa agem numa situação difícil: a sua luta por mais Europa é obrigatória por causa do perigo, mas é frequentemente proibida pelas leis. Por um lado, têm em mente o modelo de um Estado federal, no qual os Parlamentos nacionais transferem a soberania orçamental para uma instância europeia

---

[33] Winfried Hassemer, «Dalli, dalli, das Haus brennt!» em *Frankfurter Allgemeine Zeitung* (28 de junho de 2012), p. 33.

[34] No seu artigo intitulado «Anatomie einer Hintergehung» [*Anatomia de uma intrujice*], Christian Geyer discute, de forma perspicaz, o estilo de governação de Angela Merkel em tempos de crise do euro, criticando fortemente a ameaça de desdemocratização (em *Frankfurter Allgemeine Zeitung* [21 de junho de 2012], p. 29). No entanto, ele atribui-a exclusivamente a Merkel; fica oculto o facto de a ação política, em plena crise da Europa, se ver confrontada com o dilema estrutural de ser obrigatória devido ao perigo, mas proibida pelas leis. Ainda está por escrever a história da ameaça à evolução para uma democracia *europeia* constituída pela insistência na democracia *baseada em Estados nacionais*.

central e vigora uma rigorosa «proibição de novo endividamento». No entanto, por outro lado, enfrentam o problema de saber como *legitimar* uma tal transformação da ordem social, política e jurídica baseada em Estados nacionais numa ordem europeia. Invocando o perigo que é necessário afastar? Através da aprovação formalmente democrática dos Parlamentos nacionais que, tendo em conta o volume dos montantes de crédito, a complexidade dos desafios e a pressão de tempo, chegarão a uma situação de chantagem que quase exclui uma rejeição das iniciativas em causa e não permite senão uma rebelião democrática em letra pequena?

O risco do euro está presente em todo o sistema político. Obriga, por exemplo, o Banco Central Europeu, em especial o seu presidente Mario Draghi, a aprovar intervenções de resgate cuja legitimidade reside no afastamento do perigo, mas que não são passíveis de justificação com base no mandato [do BCE] consagrado nos tratados. «Temos de definir o rumo do euro em conjunto», disse Draghi no princípio de maio de 2012. «Se queremos uma união fiscal, temos de aceitar a transferência da soberania fiscal dos governos nacionais para uma instituição europeia. Como atingiremos esse objetivo?»[35] Em finais de julho, anunciou até que irá apoiar o euro com todas as medidas imagináveis, sendo que «todas as medidas imagináveis» inclui instrumentos que significariam uma rutura total com a compreensão que o BCE tem tido de si mesmo até à data e que se orienta preferencialmente pelo combate à inflação.

Portanto, o risco do euro leva ao surgimento de novas fontes autónomas de legitimação de uma ação política

---

[35] Citado segundo Wolfgan Proissl, «Die EZB als Brunnenbauer der Euro-Zone», em *Financial Times Deutschland* (12 de junho de 2012), p. 24.

que visa a *transformação política* da ordem social e política baseada em Estados nacionais. O conflito entre os «ortodoxos» dos Estados nacionais, que querem manter uma política conduzida pelas regras em vigor, e os arquitetos da Europa, que defendem uma política que altera as regras, alimenta-se da contradição entre ação «ilegítima, mas legal» e ação «ilegal, mas legítima», sendo que a legitimidade resulta da urgência do afastamento do perigo. Esta política de emergência é ilegal na medida em que contribui para o esvaziamento da democracia nacional. No entanto, a catástrofe iminente permite, aliás, obriga os arquitetos da Europa a utilizarem subterfúgios jurídicos para tornar, apesar disso, possível aquilo que, na realidade, está excluído (pelas constituições nacionais ou pelos tratados europeus).

O antigo juiz do Tribunal Constitucional, Udo Di Fabio, considera esta legitimação política segundo o lema «queda do euro significa desmembramento da Europa» um «pragmatismo enviesado», que procura aliviar ou desfazer os laços que ligam a política ao direito. E adverte para o facto de o rompimento da ligação entre direito e política significar a perda de um ponto de orientação importante para a ação política: «Se separarmos Estado, direito e razão uns dos outros, perdemos a bússola para uma configuração humana e prudente do século XXI.»[36]. Di Fabio ignora o facto de os «ortodoxos» dos Estados nacionais se dirigirem para a zona cinzenta de uma legalidade ilegítima, uma vez que têm do seu lado

---

[36] Udo Di Fabio, «Ewige Bindung oder flüchtige Liason?», em *Frankfurter Allgemeine Zeitung* (6 de outubro de 2011), disponível *on-line* em <http://www.faz.net/aktuell/politik/staat-und-recht/der-westen-am-scheideweg-ewige-bindung-oder-fluechtige-liason-11483302.html> (consultado em agosto de 2012).

o direito (constitucional) dos Estados nacionais, mas não têm qualquer resposta à ameaça para a Europa.

Lógica da ameaça de guerra versus *lógica da ameaça do risco*

A passagem da lógica da ameaça de guerra para a do risco também mostra o que significa a «transformação do 'político'». O que está em causa na lógica da ameaça de guerra é o armamento, a defesa ou a submissão de inimigos; na lógica de ameaça do risco trata-se, pelo contrário, de uma cooperação para evitar catástrofes – portanto, daquilo que já esbocei anteriormente no âmbito do cenário hegeliano.

Carl Schmitt argumenta com uma contradição binária entre «nós» e «eles». Quando fala de riscos, Schmitt pensa sempre em adversários. Esta lógica exclui a possibilidade de a humanidade se empenhar, em conjunto, na conquista de um objetivo, de existir qualquer uma cooperação transfronteiriça que vise algo que não seja o combate a um inimigo externo. Escreve Schmitt:

> «'Humanidade' é um instrumento ideológico da expansão imperialista e, na sua forma ético-humanitária, um veículo específico do imperialismo económico particularmente útil. Aplica-se, aqui, com uma modificação evidente, uma célebre afirmação de Proudhon: quem fala em humanidade, quer enganar.»[37]

---

[37] Carl Schmitt, *Der Begrif des Politischen*, 8.ª edição, Berlim: Duncker&Humblot 2009 [1932], p. 51.

A vida e a sobrevivência no horizonte do risco global segue a lógica precisamente contrária. Aqui será racional ultrapassar a contradição entre «nós» e «eles», reconhecer o outro como um parceiro de cooperação e parceiro democrático, e não considerá-lo um inimigo que deverá ser aniquilado. Portanto, a lógica do risco foca-se na explosão de pluralidade no mundo que nega o olhar hostil. A sociedade mundial do risco abre um espaço moral do qual poderia surgir (embora não obrigatoriamente) uma cultura civil da responsabilidade para lá de fronteiras e contradições. A experiência traumática da vulnerabilidade de todos e a responsabilidade por todos daí resultante, também em nome da própria sobrevivência, constituem as duas faces dos riscos globais. Nesta perspetiva, a referência à ameaça civilizacional que a humanidade constitui para si própria adquire o sentido de um realismo egoísta: quem fala da humanidade, quer salvar-se a si próprio.

Existe uma outra diferença entre ambas as lógicas de ameaça: o inimigo militar contra o qual se combate na guerra é claramente identificável. Regra geral, também se possui as informações necessárias sobre os objetivos, o armamento ou a força militar do adversário. No âmbito da lógica da ameaça do risco, contudo, é frequente não existir qualquer agente concreto e identificável, nem uma intenção hostil. A ameaça não é direta, intencional e certa, mas indireta, não intencional e incerta. Trata-se de riscos globais surgidos em tempos de paz, efeitos secundários incontroláveis do desenvolvimento pretendido no sentido de mais mercado, mais consumo, mais turismo, mais tecnologia, mais tráfego, em resumo: efeitos secundários dos triunfos da Modernidade.

Para evitar mal-entendidos: o velho paradigma da guerra ainda não se tornou obsoleto. Basta um olhar rápido sobre os conflitos bélicos em curso ou iminentes (pensemos na guerra civil na Síria ou na querela entre Israel e o Irão) para que isto se torne muitíssimo claro. Contudo, é o paradigma da ameaça de risco que provoca mudanças nas condições de vida e relações de poder na Modernidade globalizada.

Sabemos que as guerras podem trazer uma destruição inimaginável e um grande sofrimento para a humanidade. No entanto, só agora nos começamos a aperceber de como em tempos de paz riscos que se concretizam na forma de catástrofes podem atingir países e continentes inteiros, roubando a inúmeras pessoas a base do seu sustento. É possível fazer chegar à beira do colapso uma conquista como a União Europeia e as suas instituições sem o recurso a tanques, helicópteros de combate ou bombardeiros, apenas pelo poder do risco.

A consciência nacional constitui-se e renova-se na confrontação com o inimigo. Esta torna-se a segunda natureza. No caso do risco, aplica-se a lógica de ação contrária: não separação e armamento, não entrincheiramento por detrás de imagens do inimigo e de sistemas de armamento sofisticados, mas a comunicação e cooperação para lá das fronteiras, o envolvimento do outro em termos nacionais, religiosos, etc.; a disponibilidade para ir ao encontro dos outros torna-se, agora, o imperativo, a racionalidade histórica da ação. Dito de forma clara: a superação de imagens de inimigo torna-se razão de Estado nacional.

Constata-se, assim, a existência de um paradoxo na sociedade mundial do risco: quando nós próprios estamos ameaçados pelo declínio, não podemos ficar indiferentes ao destino de outros países e regiões. A crise não só dividiu a Europa, como também aproximou os europeus uns dos outros. Muitos preocuparam-se mais nos últimos meses com os problemas da economia grega do que com a situação no mercado de trabalho na sua própria região. Quantas vezes ouvimos que falta à Europa uma grande encenação mediática. E agora? Nunca se falou tanto da Europa – nas primeiras páginas dos jornais diários, no caderno de economia, no suplemento cultural, nas secções locais, na aldeia, à mesa, durante o jantar. Irá a experiência de mortalidade da União Europeia acabar por levar ao surgimento de uma consciência europeia que reage tanto contra a Europa abstrata de Bruxelas, como contra a «ortodoxia» dos Estados nacionais?

Capitalismo global versus *política nacional*

O capitalismo globalizou-se na sequência da queda do comunismo soviético e é opinião geral que escapou, em grande parte, ao controlo político. Os políticos de todos os partidos – quer sejam conservadores, social-democratas ou Verdes – consideram-se arrastados para um jogo de poder dominado por um capital que age a nível global. «Ninguém pode fazer política contra os mercados», esta afirmação de Joschka Fischer ilustra bem compreensão que a classe política teve de si mesma nas últimas duas décadas.

Contudo, face à catástrofe iminente, os governos nacionais e representantes das instituições de Bruxelas são forçados a fazer alguma coisa. Quem não age agora – ou finge agir – comete um suicídio político. O risco força a procura de alternativas e novas opções de ação. Por conseguinte, criou-se em Bruxelas uma «célula revolucionária» dos arquitetos da Europa à qual pertencem o Presidente da Comissão, Durão Barroso, o Presidente do Conselho, Herman Van Rompuy, o chefe do Eurogrupo,

Jean-Claude Juncker, e Mario Draghi, o chefe do Banco Central Europeu. Eles apresentam propostas, como a união bancária, a licença bancária para o Mecanismo Europeu de Estabilidade, a introdução de um imposto sobre transações financeiras, a separação entre bancos de investimento e bancos comerciais e pensam num Ministro das Finanças europeu, a quem deverá caber um papel decisivo no controlo de um capitalismo financeiro descontrolado[38].

No passado, pensava-se o seguinte: como não existem, nem podem existir, respostas políticas globais a riscos globais, não se pode fazer nada. O exemplo do debate acerca do imposto sobre transações financeiras mostra que esta legitimação da inação já está ultrapassada. Até o governo conservador e liberal na Alemanha vê, entretanto, com bons olhos a ideia deste imposto, querendo implementá-lo numa «coligação de boas vontades», isto é, ultrapassando fronteiras nacionais e partidárias – contra uma resistência decidida, em especial por parte dos EUA e da Grã-Bretanha. No entanto, nestas e noutras tentativas de avanço (pensemos, por exemplo, em euro-obrigações ou na transferência de direitos soberanos para o nível europeu), os arquitetos da Europa veem-se confrontados com um enorme obstáculo: embora estejam convencidos de que, em termos gerais, têm as soluções corretas para a crise, sabem que estas poderiam ser muitíssimo impopulares nos Estados-Membros e, portanto, ameaçariam a reeleição dos governos nacionais.

---

[38] Cf. Severin Weiland, «Der Traum vom neuen Europa», *op. cit.*

2. A nova distribuição de poderes na Europa

A União Europeia fala a muitas vozes: a voz do Presidente da Comissão e a do Presidente do Conselho, a da Alta Representante para os Assuntos Externos, as dos chefes de governo nacionais, que assumem por turnos a Presidência da UE e, naturalmente, a dos políticos em Paris, Berlim, Londres, etc. Até há pouco tempo, era habitual criticar esta cacofonia, mas, de repente, a Europa tem um telefone. Está em Berlim e pertence – atualmente – a Angela Merkel.

Este é apenas um exemplo da tese já referida segundo a qual os riscos podem levar ao surgimento de alterações enormes na distribuição de poderes. Antes de esboçar as fraturas surgidas na sequência da crise do euro, gostaria, em primeiro lugar, de demonstrar, através do exemplo de dois acontecimentos do ano passado, como o microcosmo das regras e instituições mudou concretamente.

Em outubro de 2011, os chefes de Estado e de Governo dos 27 países da UE encontraram-se em Bruxelas, para deliberar sobre o futuro da Comunidade. Trata-se, sem dúvida, de um tema importante, no entanto, para a maioria dos participantes o problema realmente muito urgente era, mais uma vez, completamente diferente: salvar a moeda europeia. Depois de um debate que já durava havia uma tarde inteira, o Presidente do Conselho, Van Rompuy, não conseguiu aguentar mais e, pouco antes das 20h00, quebrou um tabu: mandou delicadamente sair da sala os dez chefes de Governo dos países que não pertencem à zona euro, entre os quais orgulhosos pesos pesados como o primeiro-ministro britânico David Cameron e primeiro-ministro polaco Donald Tusk. Depois, os chefes de Estados e de Governo da zona euro «puderam começar a parte importante da reunião. Jantaram e, durante a refeição, discutiram como poderiam salvar o euro.»[39]. Não teria sido possível encenar de forma mais evidente a perda de poder dos países que «apenas» pertencem à UE.

Segundo exemplo: «Voltar a dizer, finalmente, o que se quer» – era este o título da reportagem do *Süddeutsche Zeitung*, em finais de maio de 2012, sobre a cimeira da UE, na qual participou pela primeira vez o recém-eleito presidente francês, François Hollande. Embora muitos políticos tenham ficado secretamente satisfeitos com o facto de a dupla «Merkozy» ter finalmente acabado, depois de Nicolas Sarkozy ter perdido as eleições, estas reações mostram precisamente como a hierarquia na Europa mudou nos últimos anos: Angela Merkel e o seu colega francês dominaram as numerosas cimeiras de crise nos últimos meses, retirando-se, muitas vezes, para encontros e deliberações exclusivas. Os outros, os europeus de segunda, tiveram de esperar para lá do limite do suportável e foram confrontados com as soluções preparadas pela dupla poderosa. Segundo a correspondente do *Süddeutsche Zeitung* junto da UE, dizia-se que o primeiro-ministro Jean-Claude Juncker teria até apelado, uma vez, aos seus colegas para que reagissem à ausência provocante da dupla hegemónica. Sobretudo para os políticos dos Estados da UE de menor dimensão «terá sido 'uma libertação poderem voltar a dizer tudo o que queriam, após o fim do Merkozy'»[40].

---

[39] Dirk Kurbjuweit *et al.*, «Europa der zwei Europas», *op. cit.*
[40] Cerstin Gammelin, «Endlich wieder sagen, was man will. Auf dem EU-Sondergipfel nehmen Europas Politiker mit unverhohlener Freude Abschied vom Duo Merkozy», em *Süddeutsche Zeitung*, (25 de maio de 2012), p. 7.

A revista *Der Spiegel* tirou a seguinte conclusão, já depois do encontro penoso ocorrido em outubro de 2011: «O encontro fez emergir os contornos de uma nova Europa e esta vai ser uma Europa divida. A nova fronteira passa entre os Estados que pertencem e aqueles que não pertencem à zona euro.»[41]. Esta observação é absolutamente correta, contudo, as linhas de rutura são ainda mais confusas, existindo, pelo menos, três dimensões da nova desigualdade na Europa: *primeiro*, a cisão entre países da zona do euro e países da UE; *segundo*, a cisão dentro do grupo dos países da zona euro (países credores *versus* países devedores); e, *terceiro*, a cisão numa Europa a duas velocidades.

Cisão entre países da zona euro e países da UE

A referida cisão entre países da zona euro e países que apenas pertencem à UE é penosa sobretudo para a antiga potência mundial, a Grã-Bretanha. O país deriva para a insignificância europeia, mas continua, simultaneamente, a ser seriamente afetado pelas consequências das decisões negociadas e aprovadas no clube exclusivo dos países da zona euro em crise. David Cameron, um eurocético convicto e representante da «ortodoxia» dos Estados nacionais, utilizou, já em dezembro de 2011, o seu direito de veto contra o pacto fiscal para maior disciplina orçamental. Entretanto, a coligação entre os conservadores e liberais em Londres também se rebela contra a planeada união bancária. Insiste em conceder a regulação dos bancos de acordo com as suas ideias e

---

[41] Kurbjuweit *et al.*, «Europa der zwei Europas», *op. cit.*.

gostaria, sobretudo, de impedir que os negócios na praça financeira de Londres sejam prejudicados.

No entanto, o direito de veto da Grã-Bretanha, que se baseia no facto de esta ser um Estado-membro da UE e que Londres continuava a poder utilizar, até há pouco, para bloquear o desenvolvimento europeu, perdeu, de repente, a sua eficácia devido ao avanço dos Estados da zona euro. Ao mesmo tempo, aquela que é, juntamente com a França, a segunda maior economia da UE (tendo em conta a paridade de poder de compra) está hoje ligada, para a vida e para a morte, à comunidade. Cerca de 55% das exportações britânicas são para a UE. Por isso, o colapso da União Monetária atingiria o cerne da economia britânica, o que torna evidente o seguinte: deixou de ser possível separar os interesses britânicos dos interesses europeus. Por outras palavras: a Grã-Bretanha tem cada vez mais interesse em estar presente na mesa das negociações na crise do euro, mas quando se chega à fase decisiva tem de abandonar a sala, uma vez que não passa de um Estado-Membro da UE.

Visto na perspetiva da estratégia do poder, esta cisão interna tem uma consequência importante: os eurocéticos e os antieuropeus ficam isolados. O facto de um fundamento – poder-se-ia também dizer um dogma – da UE (a lei sagrada da unanimidade) ser enfraquecido progressivamente e, em parte, substituído por decisões por maioria qualificada valoriza a pertença à zona euro. Esta nova constelação levará, possivelmente, alguns Estados que ainda não pertencem à zona euro (como, por exemplo, a Polónia) a considerarem a adesão ao mesmo – apesar da crise, senão mesmo por causa dela.

Cisão entre países credores e países devedores

No novo centro de ação dos países da zona euro sacudido pela crise também se opera uma cisão dramática, nomeadamente, entre aqueles que já dependem (ou ainda não dependem) do fundo de emergência e aqueles que financiam o fundo. Aos primeiros nada resta senão submeterem-se à reivindicação do poder do euro-nacionalismo alemão. Por conseguinte, existe atualmente o perigo de a Itália e a Espanha (de resto, Estados nos quais os intelectuais se entusiasmam e empenham a favor da ideia de Europa como praticamente não acontece em mais nenhum outro país) pertencerem à zona euro, sendo, portanto, membros do novo centro do poder, mas perderem, simultaneamente, o poder.

Nesta perspetiva, existem *outsiders* externos e internos dentro da UE. Os *outsiders* externos são aqueles que apenas pertencem à UE mas não têm o euro. Os *outsiders* internos, pelo contrário, são aqueles que têm o euro mas dependem da ajuda financeira dos outros países. Os países devedores formam a nova «classe baixa» da UE, por assim dizer. Têm de aceitar as perdas de soberania e as ofensas à sua dignidade nacional. Mesmo o direito à autodeterminação da democracia reduz-se à seguinte alternativa: aprovação ou saída.

O significado da cooperação e integração europeia torna-se ambíguo e sobretudo esta nova classe baixa da Europa é vítima desta ambiguidade. O seu destino é incerto: na melhor das hipóteses, federalismo, na pior das hipóteses, neocolonialismo. Quem quiser, pode ver nisto um indício de retrocesso da democracia. No feudalismo, os únicos que tinham direito do voto eram os nobres. Iremos assistir em breve a uma reedição de privilégios deste tipo? Será que só os países ricos é que têm uma voz no capitalismo de risco, enquanto os devedores têm de se contentar com a sombra de uma democracia ou quase--democracia? Por outro lado: como a Alemanha é o país mais rico, agora é ela que manda no centro da Europa.

Cisão numa Europa a duas velocidades

As duas divisões atrás esboçadas levaram – por assim dizer, por portas travessas – à realização de uma terceira: a cisão numa Europa a duas velocidades. A ideia de que grupos dos Estados-Membros deveriam ter possibilidade de avançar mais rapidamente com a integração política em determinadas áreas e, neste sentido, serem precursores, foi discutida muitas vezes desde os anos oitenta do século passado. Em 2000, o então ministro dos Negócios Estrangeiros alemão, Joschka Fischer, num discurso sobre os fundamentos da política europeia que mereceu muita atenção, refletiu sobre um «centro de gravitação» que poderia, enquanto «vanguarda», assumir o papel de «locomotiva para a plena concretização da integração política»[42]. Estas propostas sempre foram polémicas, porque contrariam a autocompreensão da União e o princípio da unanimidade, considerado sagrado durante muito tempo. O próprio Fischer distanciou-se, entretanto, destas ideias[43].

---

[42] Joschka Fischer, «Vom Staatenverbund zur Föderation – Gedanken über die Finalität der europäischen Integration», discurso proferido no dia 12 de maio de 2000 na Humboldt Universität, em Berlim, disponível *on-line* em <http://www.europa.clio-online.de/Portals/_Europa/documents/fska/Q_2005_FS7-09.pdf> (consultado em agosto de 2012).

[43] Damir Fras/Bettina Vestring, «Kleineuropäische Vorstellungen funktionieren einfach nicht mehr», entrevista com Joschka Fischer,

Agora, a Europa a duas velocidades tornou-se subitamente realidade, passando ao lado de todas as instâncias de legitimação democráticas. Os Estados diretamente ameaçados pela crise do euro ultrapassaram os restantes países da UE e têm de assumir, quer queiram quer não, o papel pioneiro de arquitetos da Europa. Mais um exemplo para as forças históricas que podem ser libertadas pela antecipação da catástrofe[44].

Em suma: é fácil reconhecer que os efeitos das três divisões aqui esboçadas vão no mesmo sentido. Todas elas

---

em *Berliner Zeitung* (28 de fevereiro de 2004), disponível *on-line* em < http://www.berliner-zeitung.de/archiv/aussenminister-joschka-fischer-ueber-die-integration-der-tuerkei-den-ruecktritt-schroeders-als-spd-chef-und-eine-beziehung-zwischen-koch-und-kellner-klein-europaeische-vorstellungen-funktionieren-einfach-nicht-mehr-,10810590,10155702.html > (consultado em agosto de 2012).

[44] A cientista política romena Alina Mungiu-Pippidi escreve o seguinte sobre esta questão: «Um amigo, diplomata da Europa de Leste, queixou-se recentemente, um pouco amargurado: 'não foi muito delicado por parte da Europa entrar em crise precisamente depois da nossa adesão'. Ele observa, perplexo, como, depois de a Europa a duas velocidades ter sido combatida durante anos, é precisamente esta a solução que se impõe como único caminho de salvação. O que se pode fazer? Se aceitarmos abordagens de solução como a de Jean-Claude Piris [um jurista que participou na elaboração do Tratado de Lisboa] – portanto, um tratado adicional para os membros da zona euro que não estão em posição de passar para o federalismo financeiro –, a crise do euro acabará; mas vamos ter três Europas: a zona unida do euro, com forte desempenho, a zona euro que vai atrás, coxeando, e que não sabe se deve aspirar a avançar ou se deve voltar para trás (Grécia, Portugal...), e aqueles que estão fora do círculo e que não têm qualquer perspetiva séria de recuperar o atraso em relação aos outros.» («Criza i cele trei Europe», em *România Liber* [14 de novembro de 2011], tradução alemã disponível *on-line* em < http://www.presseurop.eu/de/content/article/1169441-die-krise-und-dreierlei-europa > [consultado em agosto de 2012]).

reforçam a preponderância da Alemanha na UE. Ao mesmo tempo, revela-se que esta conquista do poder resulta da dinâmica da situação política, realizando-se, por assim dizer, «nas costas» dos agentes e da opinião pública. Neste sentido, a conquista do poder pela Alemanha representa um exemplo modelar da lei do efeito secundário não pretendido[45]. Eric Gujer escreve o seguinte sobre esta questão, no *Neue Zürcher Zeitung*: «O que a maioria dos alemães deseja para o seu país é o papel de uma grande Suíça no santuário da política mundial. [...] Berlim exerce a liderança a contragosto – sobretudo em termos económicos, raramente em termos de política externa e nunca a nível militar.»[46]

3. «Merkiavel»: hesitação como tática de dominação

Nicolau Maquiavel (1469-1527) foi o primeiro pensador a conceber uma forma de poder que pode ser forjada a partir das turbulências do tempo. Segundo

---

[45] «Agora, esta Alemanha europeia encontra-se involuntariamente no centro da Europa alemã por causa da crise na zona euro. Ninguém pode duvidar realmente que é a Alemanha que manda. É porque a Alemanha quer que temos um pacote fiscal aprovado pelos 25 Estados-Membros da UE. Além disso, os alemães repreendem os gregos desesperados e empobrecidos, dizendo-lhes que deviam 'fazer o seu trabalho de casa'. [...] A Alemanha não procurou assumir este papel de liderança. O facto de termos chegado a este ponto é, pelo contrário, uma prova perfeita da lei histórica das consequências não pretendidas.» (Timothy Garton Ash, «Allein kriegen sie es nicht hin», *op. cit.*).

[46] Eric Gujer, «Die neue deutsche Frage», em *Neue Zürcher Zeitung* (21 de julho de 2012), disponível *on-line* em < http://www.nzz.ch/meinung/kommentare/die-neue-deutsche-frage-1.17383545 > (consultado em agosto de 2012).

ele, as crises profundas, que semeiam divisões e provocam contradições destruidoras, constituem os motores da história. As crises convidam à acumulação de poder, mas, em certas circunstâncias, também podem levar ao seu declínio. Portanto, é neste ponto que a teoria do poder de Maquiavel e a teoria da sociedade mundial do risco se tocam: perante a catástrofe iminente, abrem-se oportunidades (Maquiavel designa a oportunidade história como *occasione*) que podem ser aproveitadas por um homem (*uoumo viruoso*) – ou uma mulher – com talento para o poder. Foi precisamente isto que fez Angela Merkel: aproveitou a oportunidade que lhe foi oferecida e alterou as relações de poder na Europa. Analisaremos em seguida, de forma mais pormenorizada, como conseguiu fazê-lo.

Em primeiro lugar, é necessário dizer que a confusão à qual assistimos atualmente na crise do euro e da Europa é essencialmente maior de que a Maquiavel tinha em mente quando escreveu a sua obra *Il Principe* na viragem do século XV para o século XVI. É sabido que ele dedicou esta introdução cínico-realista à maximização e à manutenção do poder a um príncipe específico, Lorenzo II de Médicis, o senhor de Florença. Na União Europeia, pelo contrário, existem muitos senhores – em conformidade com a sua arquitetura política – e, portanto, não há nenhum senhor verdadeiro. Afinal, a UE não é um Estado grande, com apenas um governo, um parlamento, um povo e uma constituição. Pelo contrário, a sua existência política baseia-se na confusão propositada das relações de poder, nomeadamente, na coexistência, em pé de igualdade, das instituições europeias e dos governos, parlamentos, etc., dos Estados nacionais. Daí resulta que, por princípio, não é possível responder de forma inequívoca à questão de saber quem possui realmente a soberania e que é necessário equilibrar ou renegociar o poder caso a caso[47]. A falta de clareza fundamental desta dupla existência europeia e dos Estados nacionais é acompanhada pela confusão resultante do facto de os fundamentos da União Europeia estarem a ser abalados por uma dupla crise: alguns Estados-Membros estão à beira da bancarrota devido às suas dívidas; ao mesmo tempo, as dívidas ameaçam o euro e, portanto, os membros da zona euro e, em última análise, a UE. Surgem conflitos autodestrutivos – que, possivelmente, ainda aceleram mais a desintegração iminente – à volta das questões de saber se o vírus da dívida irá afetar todos os países, se o mesmo torna necessária uma resposta solidária («se cair o euro, cairá a Europa») ou se a responsabilidade de encontrar a solução reside nos Estados individuais e, sobretudo, à volta de saber quem possui o poder de tomar decisões vinculativas para todos. A novidade alarmante não reside no facto de tais conflitos de princípio abalarem a UE. Em princípio, UE sempre foi uma abreviatura para conflitos e crises. A falta de clareza da dupla soberania causa permanentemente conflitos deste tipo, como um *perpetuum mobile*. O aspeto verdadeiramente novo da situação atual consiste, pelo contrário, no facto de as estratégias testadas que permitiram, no passado, evitar, moderar ou resolver os conflitos, terem deixado de funcionar na crise monetária e na sequência das polémicas em torno da questão de saber como esta crise deverá ser resolvida. É por isso que existe

---

[47] Edgar Grande e eu procurámos compreender, de forma sistemática, esta dupla existência política em *Das kospomolitische Europa. Gesellschaft und Politik in der Zweiten Moderne* (Frankfurt am Main: Suhrkamp 2004).

o perigo de desintegração da UE, é isto que provoca o caos que apela atualmente à emergência do poder.

Muitos veem em Angela Merkel a rainha não coroada da Europa. Se perguntarmos qual a origem exata do poder da chanceler federal alemã, descobriremos uma marca característica da sua ação: a sua tendência para não agir, não agir ainda, agir mais tarde – para hesitar. Merkel hesitou desde o início na crise da Europa e continua a hesitar até hoje. Ao início, nem sequer queria colocar a tragédia de endividamento grega na agenda política da Europa. Depois, recusou-se, primeiro, a salvar a Grécia, mais tarde, resistiu quando era necessário ajudar a Espanha e a Itália. O verdadeiro interesse da Angela Merkel não está em salvar em primeiro lugar os países devedores, mas sim em ganhar as eleições na Alemanha. E, para tal, como escreve a revista *Der Spiegel*, tem de «proteger o dinheiro alemão, para preservar a competitividade da Alemanha nos mercados mundiais e, além disso, eventualmente, salvar a Europa»[48]. Ela faz uma política interna europeia que serve sobretudo à preservação do poder nacional.

Uma outra característica típica da chanceler alemã consiste na sua agilidade que se poderia considerar maquiavélica. Segundo Maquiavel, o príncipe só deverá cumprir a palavra política da véspera se tal lhe trouxer vantagens no dia seguinte. Se aplicarmos esta regra à situação atual, o princípio é o seguinte: as pessoas podem fazer hoje precisamente o contrário daquilo que anunciaram ontem, se isso aumentar as suas hipóteses nas próximas eleições. Por isso, Merkel bateu-se durante

---

[48] Kurbjuweit *et al.*, «Europa der zwei Europas, *op. cit.*.

muito tempo pelo prolongamento do funcionamento das centrais nucleares alemãs, aceitando, calmamente, a possível saída da Europa. Mais tarde, depois da catástrofe nuclear em Fukushima, levou a cabo o abandono da energia nuclear e a entrada na Europa. A partir daí, revelou-se mestre do «resgate no último minuto». Hoje diz: «Euro-obrigações? Só por cima do meu cadáver!» Amanhã manda o ministro das Finanças Schäuble procurar uma saída através de um desvio (créditos diretos do Banco Central Europeu aos bancos e Estados em colapso que, em último caso, teriam de ser pagos também pelos contribuintes alemães).

A afinidade política entre Merkel e Maquiavel – à qual gostaria de chamar o modelo Merkiavel – baseia-se, em termos gerais, em quatro componentes que se complementam reciprocamente:

Primeiro: a Alemanha é o país mais rico e economicamente mais poderoso da UE. Face à crise financeira, todos os países devedores dependem da disponibilidade dos alemães para responder pelos créditos necessários. No entanto, tudo isto é trivial em termos de teoria do poder e ainda não constitui o maquiavelismo de Merkel. Este reside sobretudo no facto de Merkel *não* tomar partido no conflito gritante entre os arquitetos da Europa e os «ortodoxos» dos Estados nacionais – ou melhor: no facto de ela manter em aberto ambas as opções contraditórias. Nem é solidária com os europeus (no país e no estrangeiro) que exigem que os alemães assumam, finalmente, compromissos, nem apoia o grupo dos eurocéticos que querem negar qualquer ajuda. Pelo contrário, Merkel condiciona – e esta é a ideia merkiavélica – a disponibilidade de conceder crédito por parte da Alemanha à disponibilidade dos países devedores de cumprirem as condições da política de estabilidade alemã. Este é o primeiro princípio de Merkiavel: quando se trata de ajuda financeira alemã aos Estados endividados, a sua posição nem é um claro sim, nem um claro não, mas o «nim» de um jogo de poder.

Segundo: como é possível resolver esta posição paradoxal na prática política? Na teoria de Maquiavel, seria este o ponto em que se exigiria *virtù*, portanto mestria, energia política e espírito de iniciativa. Aqui chegamos à segunda ideia: o poder merkiavélico baseia-se na tendência para *não* fazer *nada*, na hesitação. Esta arte da hesitação deliberada, a mistura entre indiferença, recusa europeia e empenho europeu, constitui a fonte da posição de poder da Alemanha na Europa atormentada pela crise.

Hesitação enquanto tática de dominação – é este o método Merkiavel. O meio coercivo utilizado não é a entrada agressiva do dinheiro alemão, mas sim o contrário: a ameaça de saída, a protelação e a recusa de créditos. Se a Alemanha recusar a sua aprovação, a ruína dos países endividados é inevitável. Portanto, só existe uma coisa pior de que ser esmagado pelo dinheiro alemão: *não* ser esmagado pelo dinheiro alemão[49].

Entretanto, Angela Merkel aperfeiçoou esta forma de domínio relutante, legitimado com o cântico dos cânticos da poupança. Aquilo que parece algo absolutamente apolítico, nomeadamente, não fazer algo, altera a estrutura de poder na Europa. A transformação da Alemanha na potência hegemónica na Europa é, assim, levada por

---

[49] A relação entre os Estados nacionais e o capital móvel apresenta uma forma de poder semelhante; cf. Ulrich Beck, *Macht und Gegenmacht im globalen Zeitalter. Neue weltpolitische Ökonomie*, Frankfurt am Main: Suhrkamp 2002, p. 97. A crise financeira mostrou que esta lógica de poder económico se aplica, agora, também entre os Estados.

diante e, simultaneamente, disfarçada. Este é o artifício que Merkel domina. Maquiavel podia, de facto, ser o autor do argumento.

Portanto, o novo poder alemão na Europa não se baseia, como no passado, na violência enquanto *ultima ratio*. Ele não necessita de quaisquer armas para impor a outros Estados a sua própria vontade. Por isso, o discurso sobre o «IV *Reich*» é absurdo. É também por esta razão que o poder baseado na economia é muito mais móvel: não precisa de entrar a marchar, sendo, contudo, omnipresente. O potencial de chantagem de que dispõe não provém da lógica da guerra, mas sim da lógica do risco, mais precisamente: do colapso económico iminente. A estratégia de recusa – *não* fazer algo, não investir, não disponibilizar créditos e dinheiro –, este «não» de utilização múltipla constitui a alavanca central da potência económica chamada Alemanha na Europa do risco financeiro.

Terceiro: deste modo, consegue-se aquilo que parece impossível, nomeadamente, associar a elegibilidade nacional e o papel de arquiteto europeu. Mas isto também significa o seguinte: primeiro, as medidas para a salvação do euro e da União Europeia têm de passar todas pelo teste de aptidão do ponto de vista da política interna, ou seja, é necessário saber se estas medidas são favoráveis aos interesses da Alemanha e à posição de poder de Merkel. Quanto mais os alemães forem críticos em relação à Europa, quanto mais se considerarem cercados por países que contraem dívidas e que se querem servir da carteira alemã, tanto mais difícil será conciliar as duas posições. Merkiavel respondeu a este problema com o trunfo da «Europa alemã» que permite ganhar tanto no país como na Europa. Ao nível da política interna, a chanceler tranquiliza os alemães que temem pelas suas pensões de reforma, as suas casinhas, o seu milagre económico, defendendo, com rigor protestante, a política do «não» doseado, transformando-se, assim, na mestra da Europa. Ao mesmo tempo, em termos da política externa assume a «responsabilidade europeia», envolvendo os países do euro com uma política do mal menor. A sua oferta sedutora é a seguinte: antes um euro alemão de que euro nenhum.

Nesta matéria, Merkel revelou-se, mais uma vez, uma discípula talentosa de Maquiavel. Na sua obra, *O Príncipe*, Maquiavel pergunta o seguinte: é melhor «ser amado ou ser temido»? «A resposta é que se deve procurar ambas as coisas; mas, uma vez que é difícil conciliá-las, caso apenas uma seja possível, é muito mais seguro ser temido de que amado.»[50] Angela Merkel aplica este princípio de forma seletiva, por assim dizer: no estrangeiro, deve ser temida, no seu país, amada – talvez precisamente porque ensina ao estrangeiro o que é o medo. Um neoliberalismo brutal para fora, um consenso com características social-democratas para dentro – esta é a fórmula de sucesso que permitiu a Merkiavel aumentar cada vez mais tanto a sua posição de poder como a da Europa alemã[51].

---

[50] Niccolò Machiavelli, *Der Fürst* [*O Príncipe*], com um postfácio de Horst Günther, Berlim: Insel Verlag 2011, p. 83.

[51] Para Brendan O'Neil, da revista inglesa *on-line Spiked*, Merkel encarna o amor-ódio «esquizofrénico» que sentem, hoje, muitas pessoas em relação à UE: «O poder da UE é visto como perigoso, mas a passividade da UE também. Alguns consideram que a UE destrói nações inteiras, outros pensam que não faz o suficiente para salvar os países. A forma como Merkel e a UE são tratadas atualmente lembra uma afirmação de Homer Simpson sobre a cerveja: ela é 'a causa e a solução para todos os problemas na vida'.» (Citado segundo Carolin Lorenz, «Schwimmstunden für die Kanzlerin», em *Spiegel on-line* [8 de junho de 2012], disponível em < http://www.spiegel.de/politik/ausland/

Quarto: Merkel quer prescrever, se não mesmo ordenar, aos países parceiros aquilo que é considerado na Alemanha a fórmula mágica para a economia e a política. O imperativo alemão é o seguinte: poupar! Poupar para conseguir estabilidade. No entanto, na realidade política, a política de poupança da famigerada dona de casa suábia traduz-se rapidamente em cortes dramáticos dos meios para as pensões de reforma, a investigação, as infraestruturas, etc. Estamos perante um neoliberalismo duríssimo, agora consagrado também na Constituição Europeia na forma do pacote fiscal – ignorando a (débil) opinião pública europeia[52].

---

euro-krise-europas-presse-ueber-die-politische-union-in-europa-a-837689.html > [consultado em agosto de 2012], o artigo original disponível *on-line* em < http://www.spiked-online.com/site/article/12511/ > [consultado em agosto de 2012]).

[52] No entanto, Piotr Buras, no *Gazeta Wyborcza* polaco, chama a atenção para o paradoxo que consiste no facto de a marcha triunfal do modelo de estabilidade alemão na Europa coincidir com o fracasso histórico do mesmo: «O sistema monetário comum baseava-se no modelo alemão, o Banco Central Europeu era uma cópia do Banco Federal Alemão. A queda desta 'Europa de Maastricht' mina, efetivamente, dois pressupostos decisivos para a política alemã, nomeadamente, que as soluções alemãs para a Europa são as melhores e que o modelo económico alemão floresce em simbiose com a integração europeia. Antes do início da crise, ambos os pressupostos faziam realmente sentido. A Alemanha apoiava uma integração cada vez mais estreita, servia como força motriz por detrás da criação do mercado comum e da moeda comum – e tudo isto fazia bem à Europa. [...] Hoje, esta simbiose desapareceu. [...] É um paradoxo que a Alemanha tenha de se reinventar precisamente no momento em que o seu modelo é mais bem sucedido do que nunca, a economia regista um grande crescimento e a taxa de desemprego nunca foi tão baixa. Alterar o rumo num momento como este exige muita coragem e determinação, algo que falta à senhora Merkel.» («Koniec niemieckiej Europy [O fim da Europa alemã]», em *Gazeta Wyborcza*(14 de junho de 2012); tradução alemã disponível em

Estes quatro componentes do merkiavelismo – a associação da ortodoxia baseada em Estados nacionais e a arquitetura da Europa, a arte da hesitação como estratégia disciplinadora, o primado da elegibilidade nacional, assim como a cultura da estabilidade alemã – reforçam-se reciprocamente e constituem o cerne do poder da Europa alemã. Até para a *necessità* de Maquiavel, portanto, para a emergência histórica à qual o príncipe tem de poder reagir, encontramos, por fim, paralelo em Merkel: o «bom senhor hegemónico», a Alemanha (Thomas Schmid), vê-se obrigado a pôr aquilo que é obrigatório, devido ao perigo, acima daquilo que é proibido pelas leis. Segundo Merkiavel, as normas democráticas podem ser aliviadas ou contornadas para alargar a política de austeridade alemã a toda a Europa. Daí resulta uma série de consequências e questões.

A hierarquia de poder que surge, assim, na relação entre as democracias nacionais não pode ser legitimada democraticamente, mas resulta das posições concretas que estas ocupam no mercado mundial. As decisões aqui tomadas não têm a mesma obrigação de legitimidade. Não nascem da votação democrática, mas resultam do poder económico. Não precisam de conquistar a aprovação ao nível da política externa, mas sim ao nível da política interna. Na Alemanha, é altamente legítimo e politicamente oportuno não dar qualquer dinheiro alemão aos países devedores do Sul.

Mas como é possível que o jogo de poder do «nim», jogado pelo Governo alemão para apoiar o euro e para salvar a UE, resulte num aumento do poder dos alemães na Europa? Do ponto de vista dos arquitetos da Europa

---

< http://www.presseeurop.eu./de/content/article/2219711-das-ende-des-deutschen-europas > [consultado em agosto de 2012].)

aplica-se, por princípio, a seguinte regra: o reforço da união política oferece a todos os Estados-Membros – mas só a estes – novas oportunidades de poder. Eles têm uma voz no espaço europeu, um direito de codecisão nas decisões a tomar, podem influenciar diretamente o curso da política europeia. Ao mesmo tempo, podem contar com o apoio do poder unido da UE para a solução de problemas nos seus próprios países – quer se trate da criminalidade, de catástrofes naturais, da agricultura ameaçada pela crise ou da bancarrota iminente do Estado.

Porém este jogo de soma positiva da cooperação transformou-se, ao longo da crise do euro, num jogo de soma nula e alguns participantes têm de se conformar com perdas enormes do poder. Revela-se que a cooperação pode assumir duas formas muito distintas: pode basear-se em reconhecimento mútuo ou numa dependência hierárquica. Quem apela à cooperação esconde, frequentemente, por detrás da oferta de reconhecimento, os seus próprios interesses de controlo e de domínio.

Dito de forma muito clara: neste momento, parece que apenas os Estados ricos, já poderosos, podem esperar um aumento de poder através da cooperação, enquanto os Estados devedores deverão recear ficar sob a ditadura dos «países parceiros» que estão em melhor posição, obedecendo às regras estabelecidas por eles. O poder da Alemanha do «nim» na Europa cresce se não forem apenas Estados de menor dimensão, mas também Estados maiores, a cair na armadilha da dívida.

Ao mesmo tempo, torna-se mais uma vez óbvio o seguinte: a transformação da Alemanha na potência liderante na «Europa alemã» não é o resultado de um plano de mestre secreto, concebido com tática e astúcia. Pelo contrário, esta transformação ocorreu – pelo menos, no início – de forma involuntária e não planeada, foi resultado da crise financeira e da antecipação da catástrofe. No entanto, ao longo do processo – pelo menos, é isso que se pode presumir olhando para a sequência de acontecimentos – desencadeou-se uma fase de planeamento mais consciente. A chanceler reconheceu na crise a sua *occasione*, o «momento favorável». Graças a uma combinação de *fortuna* e *virtù* merkiavélica, conseguiu aproveitar a oportunidade histórica e beneficiar tanto ao nível da política externa como interna. É verdade que, entretanto, se formou também uma frente de oposição daqueles que são de opinião de que o avanço rápido da europeização desrespeita os direitos do Parlamento alemão e, portanto, viola a Constituição. No entanto, Merkel até consegue instrumentalizar habilmente os próprios bastiões de resistência, integrando-os na sua política de dominação através da hesitação. Ganha mais uma vez em duplo sentido: mais poder na Europa e mais popularidade no país, junto dos eleitores alemães.

De qualquer modo, o método merkiavélico pode chegar, pouco a pouco, aos seus limites: afinal, a política de austeridade alemã não conseguiu até agora apresentar quaisquer sucessos. Pelo contrário: agora a crise da dívida também ameaça a Espanha, a Itália e, em breve, talvez mesmo a França. Os pobres ficam ainda mais pobres, a classe média está ameaçada pelo declínio e continua a não haver luz ao fundo do túnel. Portanto, neste caso o poder também poderia levar à criação de um contrapoder. Afinal, Angela Merkel perdeu um aliado importante na pessoa de Nicolas Sarkozy. Os equilíbrios alteraram-se notavelmente desde a chegada ao poder de François Hollande. Os representantes dos países devedores conseguiram associar-se a arquitetos da Europa, em Bruxelas e Frankfurt, para desenvolver uma alternativa à política de austeridade – amiúde populista, visando o palco alemão e movendo-se pelo medo da inflação – levada a cabo por Merkel (e, não esqueçamos, Philipp Rösler), e para repensarem a função do Banco Central Europeu no sentido de este se orientar mais pela política de crescimento da Reserva Federal americana[53].

No entanto, não é de excluir um cenário completamente diferente: Angela Merkiavel, a europeia hesitante, rompe a coligação com o FDP* eurocético em caso de emergência, cria um governo de transição com o SPD** para salvar o euro, como o objetivo de entrar na campanha eleitoral de 2013 como salvadora da Europa, fortalecida a nível interno e externo. Ela até poderia salvar o euro contra os eurocéticos do FDP, da CSU*** e de alguns setores da CDU**** –, numa mudança de coligação *sem* mudança de governo, por assim dizer – com apoio do SPD pró-europeu e dos Verdes. O facto de Merkel não ter certamente qualquer interesse em entrar para os livros de história como a chanceler do euro fracassado favorece uma das duas alternativas.

---

[53] Cf. sobre esta questão Alexander Hagelüken, «EZB in der Euro-Krise. Draghi wagt den Drahtseilakt», em *Süddeutsche Zeitung* (2 de agosto de 2012), disponível *on-line* em < http://www.sueddeutsche.de/wirtschaft/ezb-in-der-euro-krise-draghi-ein-drahtseilartist-mit-absturzgefahr-1.1430252 > (consultado em agosto de 2012).

* FDP = Freie Demokratische Partei (Partido Democrático Liberal) (*n.t.*).

** SPD = Sozialdemokratische Partei Deutschlands (Partido Social Democrata Alemão) (*n.t.*)

*** CSU = Christlich-Soziale Union (União Social Cristã - Partido Democrata Cristão na Baviera) (*n.t.*).

**** CDU = Christlich-Demokratische Union (União Democrata-Cristã) (*n.t.*).

Do fardo da história ao fardo do mestre

Enquanto os outros países se afundam cada vez mais nas suas dívidas, a economia alemã continua, até ver, a ser bem sucedida. Isto manifesta-se também na atmosfera existente no país. Na política, nos meios de comunicação social e na opinião pública anuncia-se um novo orgulho nacional, baseado na consciência dos próprios feitos. Poderíamos formular esta nova compreensão que a Alemanha tem de si mesma da seguinte maneira: embora não sejamos os senhores da Europa, somos os seus mestres.

Este nacionalismo que se pode exprimir na fórmula «somos novamente importantes e conhecemos as soluções» baseia-se naquilo a que podemos chamar o «universalismo alemão». Não é só a Europa que se torna alemã: a verdade também se torna alemã, nomeadamente a verdade da política de austeridade, existindo uma ligação entre ambas as coisas.

O que significa, em primeiro lugar, o universalismo alemão, e, em segundo, a aplicação do mesmo à política europeia? O universalismo significa: «possuo os critérios que decidem sobre o bem e o mal, o correto e o errado, e não só aqui, no nosso país, mas também aí, nos vossos países, não só agora, mas também amanhã e no futuro». Este universalismo procura desfazer-se mentalmente da mácula da sua origem – do espaço histórico de experiência no centro da Europa –, concebendo o mundo no horizonte da «razão», o que significa, concretamente: num monólogo, na exploração das condições transcendentais de possibilidade do «eu penso o mundo, o 'tu', Deus, o outro, a história, a economia, etc.». A capacidade de se ver a si próprio com os olhos do outro é negligenciada. Quando aplicado à política europeia, este universalismo constitui o cerne da arrogância do «nacionalismo alemão perfeitamente normal do 'somos novamente muito importantes'». A experiência social e a avaliação política internas são transformadas em algo absoluto. Esquece--se, suprime-se, é-se cego em relação às circunstâncias particulares de validade das mesmas. O que é bom para a economia alemã, é bom para a economia europeia e não só.

Muitos países vizinhos europeus olham, de facto, com espanto, admiração ou até inveja, para o «milagre do emprego alemão». Há vinte anos, a Alemanha era o «doente» da Europa, com uma economia estagnada e com quase 5 milhões de desempregados. Ao transformar--se na «campeã», a Alemanha registou nos últimos dois anos um crescimento económico de 3,7% e 3%, o dobro da média da UE, a taxa de desemprego baixou quase para metade e conseguiu-se até uma redução para um terço no desemprego dos jovens. Uma grande parte das elites na economia, na política, na ciência e nos meios de comunicação social, não só no próprio país, mas também no estrangeiro, recomenda esta receita para a Europa. Diz-se que quem quer aprender algo sobre uma política económica adequada em situação de crise deverá estudar a «Agenda 2010» alemã, na qual foram consagrados os princípios da reforma do mercado de trabalho do governo social-democrata e dos Verdes do chanceler Schröder.

Estas reformas introduziram uma mudança de paradigma da política do mercado de trabalho na República Federal da Alemanha em 2002/2003. A sua fórmula era a seguinte: «apoiar e exigir», mas o objetivo consistia em aumentar a pressão sobre os desempregados para que estes aceitassem empregos pouco qualificados, com salários mais baixos e piores condições de trabalho. Os cortes nos seguros de pensão e de doença levaram a uma redução significativa dos custos para as empresas. No entanto, a contrapartida esperada na forma de investimentos e postos de trabalho não se concretizou. A Alemanha só beneficiou do seu modelo de exportação ofensivo depois da recuperação da conjuntura mundial posterior a 2006, assim como nos anos da crise 2008/2009 – em parte também à custa dos países afetados pela crise na zona euro. No entanto, o «remédio amargo» da política de austeridade tem uma consequência radical: universaliza o «precariado». Cerca de metade dos novos postos de trabalho é constituída por empregos precários no âmbito do trabalho temporário (cerca de 1 milhão), os chamados «mini-empregos» ou «empregos de 400 euros» (cerca de 7,4 milhões), empregos a prazo (3 milhões), etc. A fragmentação social e as diferenças entre os rendimentos aumentaram, assim, rapidamente.

A norma de estabilidade alemã e a política de imposições de austeridade que procura torná-la realidade exigem aos países endividados a implementação de programas de austeridade maciços, contra a vontade dos cidadãos. No entanto, até à data, os programas de austeridade têm agravado crise europeia, conduzindo, assim, ao contrário daquilo que deveriam realmente conseguir, uma vez que, devido à recessão económica, as receitas fiscais baixam e os custos do desemprego aumentam. Por seu lado, isto aumenta a dívida pública, o que leva à exigência de medidas de austeridade mais rigorosas, que voltam a agravar a crise económica. É este o círculo vicioso ao qual a «política de austeridade alemã para todos» conduz os países europeus endividados.

A justificação alemã para esta política ascética poderia ser dada por Martinho Lutero e poderia ser tirada da ética evangélica protestante: «o sofrimento numa crise purifica». O caminho que passa pelo inferno, o caminho que passa pela ditadura da austeridade leva ao céu da cura económica.

O cerne desta política é o «não», sem um «sim»: nem euro-obrigações, nem aumento dos meios financeiros disponíveis para a política de estabilidade europeia (neste momento, 500 mil milhões de euros) ou dinheiro destinado diretamente à salvação do sistema bancário do colapso; dinheiro só para os Estados endividados, que são, assim, responsabilizados pela implementação da política de austeridade; nenhum programa de investimento para a recuperação da economia, financiada através de novo endividamento.

Portanto, a questão de saber o que significa a Europa, o que significa a Europa das duas letras «U» e «E» para os alemães no início do século XXI coloca-se de uma nova forma. Ou, formulado de uma maneira ainda mais aguda: para que precisa, realmente, ainda a Alemanha da Europa? De facto, as condições históricas nas quais esta questão tinha uma resposta óbvia alteraram-se substancialmente na sequência da crise, mas também devido à integração dos países da Europa Central e de Leste, depois da queda do Muro de Berlim.

A ligação alemã à Europa após a Segunda Guerra Mundial tinha um núcleo de política realista. Até aos anos noventa do século XX, os objetivos da política alemã só podiam ser alcançados se a Alemanha demonstrasse claramente a sua pertença à Europa[54]. Isto aplica-se sobretudo à política de reunificação. Esta só era realista enquanto política transnacional, se não mesmo cosmopolita. Nas condições da Guerra Fria entre o Ocidente e o Leste, era

---

[54] Timothy Garton Ash, *Im Namen Europas – Deutschland und der geteilte Kontinent*, Munique, Hanser, 1993, p. 600 ss.

completamente ilusório tentar alcançar este objetivo a nível nacional em negociações diretas com a RDA. Foi o «desvio cosmopolita», que passava pela Europa, mas também por Washington e Moscovo – aproveitando a ameaça nuclear à humanidade, para tornar a «cortina de ferro» mais permeável –, que abriu uma perspetiva realista ao objetivo da reunificação alemã. Portanto, até esse momento, a identificação com a Europa tem (ou tinha?) um sentido nacional claro: quanto mais europeu, tanto mais nacional.

Por conseguinte, após o militarismo alemão e o Holocausto, a resposta à questão que os alemães faziam sobre si próprios até à reunificação com a RDA, mas também depois desta, era a seguinte: *Europa*! «A Alemanha é a nossa pátria, a Europa é o nosso futuro», disse o chanceler Kohl no seu programa de governo para 1991-1994. O objetivo seria «a unificação política da Europa». E Willy Brandt, durante a primeira sessão do Bundestag da Alemanha reunificada, afimou o seguinte: «Alemão e europeu são agora, e oxalá para sempre, inseparáveis». A Europa – como ficou consagrado expressamente no artigo 23.º da Constituição alemã – é uma parte da razão de Estado da Alemanha reunificada. Com o universalismo alemão da política de austeridade, as elites políticas, económicas e jornalísticas começaram a transferir as «verdades» adquiridas da reunificação para a Europa em crise, e a espertreza dos alemães ocidentais, bem como a sua atitude imperial em relação aos alemães de Leste foi transferida irrefletidamente para a «má gestão» dos países endividados. Por outras palavras: o modelo para a política alemã de gestão da crise é a unificação com a RDA falida. Mas com uma diferença fundamental: na Europa da crise, a palavra solidariedade tornou-se uma palavra impronunciável.

Por conseguinte, o erro fundamental da política de austeridade alemã não reside apenas em definir o bem comum europeu de forma unilateral e nacional, mas sobretudo na arrogância de definir os interesses nacionais de outras democracias europeias.

E não é só em matéria de crise financeira e do euro, mas também noutras áreas – desde a ecologia até à energia nuclear – que os alemães pensam ter obrigação de assumir a responsabilidade. Têm a sensação de estar rodeados de nações de desleixados. É possível que os espanhóis e os italianos, os gregos e os portugueses sejam superiores a nós no que diz respeito à alegria de viver. Mas a sua imprudência! A sua leviandade! Eles têm de aprender finalmente o que significa disciplina orçamental, moral fiscal, comportamento sustentável em relação à natureza. Têm de compreender que, num mundo globalizado, o que tem prioridade são contas limpas e meio ambiente limpo.

Portanto, o que os habitantes do Sul da Europa precisam é de ajuda, uma espécie de *reeducação* em matéria de poupança e de sentido de responsabilidade. Para a maioria dos alemães esta exigência pode ser deduzida quase inevitavelmente dos simples números, pelo que seria um enorme mal-entendido pressupor que se está aqui apenas perante uma arrogância alemã ou uma reivindicação de poder por parte dos alemães. Afinal, do que se trata, do ponto de vista dos alemães, é apenas de «preparar» gregos, espanhóis e italianos para o mercado mundial. Neste momento, os alemães consideram que esta é a sua tarefa histórica. Helmut Kohl prometeu paisagens verdejantes na Alemanha de Leste, a Angela Merkel deseja-as agora para toda a Europa.

Talvez esta nova consciência de si também seja tão importante porque liberta um pouco mais os alemães do fardo do «nunca mais» – o Holocausto nunca mais, fascismo nunca mais, militarismo nunca mais. Portanto, o impulso pedagógico dos alemães de hoje também se explica com base na história; afinal, foi no período após a Segunda Guerra Mundial, após o grande desastre militar e moral, que surgiu a ideia de uma Europa comum. Não se pode, contudo, esquecer que não foram em primeiro lugar os interesses europeus que impulsionaram esta visão, mas sim o interesse dos vizinhos numa integração da Alemanha, na moderação dos apetites guerreiros, que pretendeu impedir um novo derramamento de sangue e uma nova destruição. Este foi o motivo europeu da geração pós-guerra. A chamada «questão alemã» era uma questão dos vizinhos, dos inimigos de outrora, mas também uma questão que os alemães se punham a si próprios: em que medida interiorizámos os valores do Ocidente – liberdade, capitalismo, democracia? A resposta foi: Europa.

Entretanto, os alemães aprenderam a sua lição. Tornaram-se democratas-modelo, modelo no abandono da energia nuclear, aforradores-modelo, pacifistas-modelo. Fizeram um caminho longo e por vezes difícil. Os espíritos do passado nem sempre ficaram no passado. Por vezes, estiveram bem vivos. O «fascismo absolutamente normal, quotidiano» ainda não foi superado, na Alemanha, como noutros países. Mas não há dúvida de que a Alemanha mudou. Em comparação com a sua história, é a melhor Alemanha que alguma vez tivemos.

Face a isto é compreensível que muitos alemães desejem, hoje, a normalidade. Após décadas de confissões públicas de culpa, após mais de meio século de «nacional--socialismo nunca mais», surge uma reação contrária nos meios de comunicação social, na política, na opinião pública. Ouvimos o suspiro de um novo «nunca mais»:

nunca mais ser obrigado a vestir as vestes de penitência. Os alemães já não querem ser vistos como racistas e bélicos. Preferem considerar-se mestres e luminares morais da Europa.

Se este diagnóstico está correto, por que razão é um escândalo político falar de uma «Europa alemã»? A resposta poderia ser a seguinte: esta expressão ressoa demasiado ao passado. A fórmula «Europa alemã» está contaminada historicamente e viola um tabu altamente sensível, uma vez que verbaliza a nova constelação de poder.

Europa alemã: hierarquia em lugar de participação em pé de igualdade

Mais uma vez: a construção da União Europeia trouxe, até à data, resultados na sua maioria positivos. Os Estados nacionais também foram beneficiados, porque a perda em termos de autonomia nacional foi compensada por um alargamento da soberania transnacional. O poder da UE como um todo pode resolver melhor muitos problemas nacionais que os Estados não conseguiriam resolver sozinhos. Este é o jogo de soma positiva da europeização.

No entanto, hoje, com a constelação de poder da Europa alemã, torna-se visível que a europeização pode assumir duas formas contraditórias, dois tipos de integração e cooperação: participação em pé de igualdade (reciprocidade) ou dependência hierárquica (hegemonia). É necessário ver a distribuição do poder e do risco na perspetiva de ação de Estados de maior e menor dimensão, mais poderosos e mais pobres, que concedem créditos e os recebem, para poder analisar a dinâmica de conflito entre países e sociedades que ameaça dividir a Europa.

O que significa, portanto, nesta perspetiva, uma «Europa alemã»? O alegado imperativo da política de austeridade decretada pela Alemanha levou a uma situação em que a norma de participação em pé de igualdade é posta de lado sub-repticiamente e substituída com cada vez mais frequência por formas de dependência hierárquica. A concessão de créditos foi associada a imposições de reformas rigorosas e a controlos que levaram à decadência social de regiões inteiras. Inúmeras pessoas perderam a base material do seu sustento, a sua dignidade, o seu futuro – e, sobretudo, também, a sua fé na Europa.

A fúria dos cidadãos, os protestos e as manifestações na Grécia, em Espanha e em Itália revelam, antes de mais, a imensa perda de confiança. Mas estas imagens do desespero também podem ser vistas como o ponto de partida de uma descoberta importante, uma vez que mostram simetricamente os quatro princípios de criação de confiança europeia que constituem o fundamento imprescindível de uma sociedade europeia[55].

Princípios da equidade: a construção da União Europeia implica sempre também criação de dependências e obrigações. O que é decisivo é que todos os envolvidos considerem tanto os procedimentos como os resultados *corretos* e *justos*.

Princípio do equilíbrio: a forma como os grandes e poderosos tratam os Estados pequenos será decisiva para saber se também será possível viver bem na Europa do amanhã – e se a Europa se manterá unida também no futuro. É necessário pôr um travão estável e credível aos

---

[55] Cf. também Beck/Grande, *Das kosmopolitische Europa, op. cit.,* p. 134 ss.

abusos unilaterais por partes dos Estados poderosos. Tem de existir um equilíbrio na relação entre Estados grandes e pequenos, poderosos e menos poderosos. A proteção dos mais fracos deverá ser prioritária.

Princípio da reconciliação: como é absolutamente normal que, num mosaico tão complexo de países, economias, culturas e democracias, existam desigualdades entre os países parceiros, a forma como os parceiros mais fracos são tratados tem de ser marcada por uma *política de reconciliação*. As contradições não poderão ser agravadas por atribuição de culpas e por menosprezos.

Princípio do impedimento de exploração: por fim, é necessário integrar na arquitetura política da Europa mecanismos institucionais de segurança suficientemente fortes para impedir que os países fortes aproveitem as fraquezas dos outros em benefício próprio.

A Europa alemã viola estas condições fundamentais de uma sociedade europeia na qual valha a pena viver. A tática da hesitação, da dominação e da repreensão destrói a confiança mútua dos cidadãos. A visão de um continente unido transforma-se na imagem de uma Europa inimiga.

III. UM CONTRATO SOCIAL PARA A EUROPA

Estamos a evoluir no sentido de uma época pós--europeia, um renascimento paradoxal da fragmentação na era da globalização? Serão o sentimento de ameaça e a insegurança, entretanto, tão grandes que a «velha clareza» se tornou apelativa e as pessoas iniciam a fuga para o futuro do século XIX? Ou constituirá o choque que sofremos quando compreendemos que a União Europeia poderia acabar o início da viragem histórica da política dominada pelos Estados nacionais para uma política transnacional e para uma sociedade europeia?

Imaginemos que construíamos a Europa mais grandiosa, mais bela e mais maravilhosa que a nossa fantasia conseguisse traçar – para que serviria tudo isto se os cidadãos não o desejam? Que forma política terá de assumir a Europa para deixar de ser uma assombração aos olhos dos cidadãos, transformando-se num projeto querido, em algo cuja morte será sentida pelos cidadãos como a perda de uma parte deles próprios, algo pelo qual vale a pena viver e lutar e a que uma pessoa daria a sua voz numa eleição?

A possibilidade de uma catástrofe europeia foi analisada a partir da perspetiva das instituições políticas, da economia, das elites, dos governos, do direito, mas não da perspetiva do indivíduo. O que significa a Europa para os indivíduos e quais são os princípios para um novo contrato social para a Europa que podem ser desenvolvidos a partir desta perspetiva? Esta será a questão que irei levantar neste último capítulo. A visão institucional habitual da UE deverá ser complementada e alargada por uma perspetiva que assuma o ponto de vista do indivíduo. Também está em causa a «caixa de bricolage» política para uma nova Europa (pacto orçamental, euro-obrigações, união bancária, etc.); contudo, aqui não me interessa tanto uma estrutura institucional abstrata, como, pelo contrário, saber quais as consequências da mesma para os indivíduos e qual o significado desta nova Europa do ponto de vista deles. Isto leva, por fim, à seguinte questão: o que significa realmente o conceito de «sociedade europeia dos indivíduos»?

Qual o grau de aprovação que a construção política da Europa merece junto dos próprios cidadãos, portanto, dos verdadeiros detentores da soberania? Sabem os indivíduos no seu íntimo que a Europa, para se libertar da barafunda em que se encontra atualmente, precisa de novas instituições? E sabem que estas instituições só poderão ser criadas através de um grande esforço comunitário, de uma cooperação que ultrapassa fronteiras? Não se baseará a disponibilidade para desistir facilmente da Europa na certeza inabalável de «ter a Europa» e na incapacidade, associada à mesma, de imaginar como seria se tivéssemos de prescindir, de repente, desta «posse» da Europa quotidiana? Não será a disponibilidade para, neste momento de grande risco, mostrar coragem, como disse uma vez Helmut Schmidt, em última análise muito maior do que querem fazer crer os céticos e a nostalgia dos Estados nacionais, exagerada pelos meios de comunicação social? E não poderia uma política que quer algo diferente da visão «merkiavélica» da Europa alemã basear-se também nesta disponibilidade?

Jean-Jacques Rousseau oferece o princípio de uma possível resposta no seu *Contrato Social*, publicado há 250 anos. Neste ensaio, que continua a ser fascinante, Rousseau mostrou como as pessoas quando querem superar o estado natural (*l'état de nature*) podem chegar à liberdade e identidade na comunidade, através de um contrato social (*contrat social*). No início do século XXI, cabe-nos a tarefa de superar o Estado nacional e de chegar a um contrato social europeu. Partindo de Rousseau, gostaria de expor nas páginas que se seguem o que deveria ser consagrado num contrato social deste tipo e como ele pode ser implementado.

1. Mais liberdade através de mais Europa

A Europa não é uma sociedade nacional e também não se pode tornar uma sociedade nacional, uma vez que é constituída por sociedades nacionais democráticas. Aliás, neste sentido de Estados nacionais, a Europa nem sequer é uma sociedade. Pelo contrário, a «sociedade europeia» tem de ser entendida como uma «sociedade pós-nacional de sociedades nacionais». A tarefa que se coloca é a seguinte: encontrar uma forma de união europeia que, com a sua força comunitária, proteja juridicamente todos os indivíduos em todas as sociedades nacionais e que, ao mesmo tempo, enriqueça e torne mais livres todos aqueles que se associam a indivíduos com línguas ou culturas políticas diferentes.

O sociólogo francês Vincenzo Cicchelli fez um estudo sobre a geração jovem da Europa. O seu livro mais recente intitula-se *O Espírito Cosmopolita. Viagens de Formação da*

Juventude na Europa[56]. O seu estudo mostra claramente por que razão a Europa, entendida como espaço de experiência social, para a geração jovem, significa uma mais-valia em termos de liberdade e de riqueza cultural:

> «A juventude em toda a Europa toma consciência de que a cultura do seu país natal é certamente importante e constitutiva para a sua identidade, mas não é suficiente para compreender o mundo. Os jovens têm de conhecer as outras culturas, uma vez que intuem que as questões culturais, políticas e económicas estão estreitamente ligadas à globalização. Por isso, têm de se confrontar com a diferença, com o pluralismo cultural. Trata-se de um longo processo de aprendizagem, que passa por viagens turísticas, humanitárias e de estudo, mas também pelo interesse, em casa, por produtos culturais dos outros, pelo cinema, por séries televisivas, romances, culinária, vestuário.»[57]

A geração jovem vive, portanto, a sociedade europeia como uma «dupla soberania»: enquanto soma de oportunidades de desenvolvimento nacionais e europeias. Contudo, os jovens não descrevem a sua identidade – como é frequente esperar – enquanto identidade exclusivamente europeia. Ninguém é apenas europeu. Os jovens europeus definem-se, *em primeiro lugar*, através da sua nacionalidade e, *depois*, como europeus. A Europa sem fronteiras e com uma moeda comum oferece-lhes oportunidades de mobilidade como nunca, e isto num espaço social com uma riqueza cultural enorme, com

---

[56] Vincenzo Cicchelli, *L'esprit cosmopolite. Voyages de formation des jeunes en Europe*, Paris: Presses de Sciences.Po, 2012.

[57] Isabelle Rey-Lefebre, «Die Pfade werden kurviger», Vincenzo Cicchelli im Gespräch, em *Süddeutsche Zeitung* (31 de maio de 2012), p. 15.

uma multiplicidade de línguas, histórias, museus, culturas gastronómicas, etc.[58].

No entanto, o estudo de Cicchelli também mostra como esta experiência europeia se tornou mais frágil, na sequência da atual crise. É cada vez mais frequente a sobreposição das antigas rivalidades e preconceitos (por exemplo, entre o Sul e o Norte da Europa), agora regressados, ao reconhecimento mútuo. Além disso, é de notar que a geração jovem considera o mundo das instituições de Bruxelas algo muito afastado, abstrato e opaco. Ela tem uma experiência da Europa – mas sem Bruxelas. Daniel Brössler escreveu o seguinte no *Süddeutsche Zeitung*, a este propósito:

> «O problema não está na ausência de sentimento europeu, mas no facto de existirem pelo menos dois sentimentos em relação à Europa. Existe um sentimento positivo daquela enorme maioria que não gostaria de prescindir de nenhuma das grandes liberdades europeias. E existe um sentimento negativo, muitas vezes nas mesmas pessoas, de que, lá longe, em Bruxelas, existe um mundo paralelo, afastado da sua vida.»[59]

Apesar de toda esta ambivalência, podemos constatar que existem cada vez mais pessoas, sobretudo jovens, que vivem a Europa – basta pensar nos inúmeros estudantes do programa Erasmus em Barcelona, Berlim ou Cracóvia.

---

[58] Daniel Cohn-Bendit e Guy Verhofstadt escrevem o seguinte no seu manifesto intitulado *Für Europa!* [*Pela Europa*]: «Ser europeu é o teu apelido, tal como a tua própria nacionalidade é o teu nome próprio. As nacionalidades separam-nos, a Europa une-nos.» (Munique: Hanser 2012, p. 64).

[59] Daniel Brössler, «Das gefühlte Europa», em *Süddeutsche Zeitung* (29 de junho de 2012), p. 4.

Não é de admirar que esta experiência da Europa vivida esteja praticamente ausente nos debates atuais sobre a crise do euro e da Europa? Julgo que isso se deve sobretudo ao facto de os políticos, mas também os especialistas em ciência política que estudam a Europa, a maior parte das vezes pensarem na integração europeia *de forma unidimensional* e *orientada para as instituições:* a unificação progressiva da Europa é entendida como um processo imposto *verticalmente:* as instituições europeias (a Comissão ou o Conselho) ordenam algo que tem de ser implementado nas sociedades nacionais. Portanto, a europeização *vertical* significa a integração dos Estados nacionais ao nível das instituições[60]. No entanto, tal como mostra o estudo de Cicchelli, a geração Erasmus que tem a experiência da Europa ultrapassando todas as fronteiras considera esta face institucional pouco transparente e alheia – no seu caso, a integração concretiza-se por assim dizer *horizontalmente.* Portanto, o esquecimento da sociedade europeia dos indivíduos pode ter uma explicação no facto de a Europa vivida não aparecer na integração vertical centrada em instituições, enquanto, por outro lado, a integração vertical não está presente no horizonte da experiência dos indivíduos. Em resumo: por um lado, temos a casa abstrata das instituições europeias, mas em cujos quartos não vivem pessoas. Do outro, estão os indivíduos (jovens) que vivem a Europa, mas não se querem mudar para a casa construída para eles em Bruxelas. O absurdo de toda esta história reside no facto de ninguém reparar nesta contradição.

Habituámo-nos, há mais de 150 anos, a entender a sociedade no sentido do Estado nacional, ligada a deter-

---

[60] Ulrich Beck/Edgar Grande, *Das kosmopolitische Europa, op. cit..*

minado território, com fronteiras geográficas claramente definidas, com um direito válido para todos os cidadãos, uma cultura relativamente uniforme, um sistema de educação comum, uma língua oficial, etc. Os jovens que se movem hoje horizontalmente com toda a naturalidade, ultrapassando todas as fronteiras, entre Lisboa e Helsínquia, Dublin e Salonica, possuem um conceito completamente diferente de sociedade europeia: têm uma experiência da Europa sobretudo como uma sociedade de indivíduos móvel, apreciam a permeabilidade das fronteiras nacionais, a variedade das culturas, línguas, sistemas jurídicos, formas de vida, etc. Neste sentido, vale o princípio: mais liberdade através de mais Europa.

2. Mais segurança social através de mais Europa

O novo contrato social tem de proteger esta grande liberdade cosmopolita dos ataques dos «ortodoxos» dos Estados nacionais que desejam nova clareza e novas fronteiras. No entanto, para tal não basta defender a situação atual. Afinal, a sociedade europeia dos indivíduos, hoje, está ameaçada por um capitalismo de risco que dissolve o ambiente moral, as pertenças e seguranças e produz novos riscos, carregando-os sobre os ombros de cada pessoa. Os cidadãos consideram a política de austeridade com a qual a Europa responde atualmente à crise financeira desencadeada pelos bancos como uma enorme injustiça: em última análise, eles têm de pagar com a sua existência pela leviandade com que os bancos desperdiçaram montantes inimagináveis. No fundo, é mais que tempo de passar, finalmente, ao contra-ataque: já não precisamos de mais resgates dos bancos, mas sim de um plano de salvamento social para a Europa dos indivíduos. Uma Europa assim solidária (uma pessoa sente-se quase tentada a desenterrar aqui, novamente, o conceito mais antigo de *Comunidade* Europeia) seria mais justa e mais credível aos olhos dos indivíduos. Até agora, a liberdade vivida andou a par da maximização dos riscos individuais. Se queremos que as pessoas tenham a experiência da Europa como algo que lhes faça sentido, é necessário que a divisa seja: mais segurança social através de mais Europa.

Ralf Dahrendorf prognosticou, no início dos anos oitenta, o «fim da era social-democrata»[61]. É possível que isto se aplique ao nível dos Estados nacionais. De facto, a visão de uma democracia social e ecológica caiu no sono de Bela Adormecida das rotinas do Estado-Providência, cada vez mais ineficazes face à força de destruição do capitalismo global. As pessoas sentem-se entregues, sem qualquer proteção, aos novos riscos. O tufão da crise financeira e do euro arrasa o continente, agravando, de forma dramática, as desigualdades sociais em todas as sociedades. A questão social tornou-se uma questão global para a qual deixou de haver respostas nacionais. Isto aproxima-se ou equivale – na linguagem antiga – a uma situação pré-revolucionária. A antecipação da catástrofe desenvolve, também aqui, a sua força mobilizadora.

Se o novo contrato social quer conquistar os indivíduos para a Europa tem de anunciar uma nova era social-democrata a nível transnacional, respondendo, simultaneamente, à questão de como é possível conceber de novo a utopia realista da segurança social de forma a que esta não acabe num dos dois becos sem saída: na nostalgia do Estado-Providência nacional ou no zelo

---

[61] Ralf Dahrendorf, *Die Chancen der Krise. Über die Zukunft des Liberalismus*, Estugarda: Deutsche Verlags-Anstalt 1983, pp. 16 ss.

reformista da auto-renúncia neoliberal. Como é possível despertar a consciência social e ecológica da Europa e do mundo e dar-lhe a forma de um movimento de protesto político? Como é possível juntar a nível europeu ou até mundial gregos furiosos, espanhóis desempregados, alemães inseguros, portanto, membros da classe média à beira do abismo, transformando-os num sujeito político que implementa o novo contrato social?

Seria necessário que neste processo os partidos políticos estabelecidos conseguissem algo como a quadratura do círculo: têm de conseguir o salto, em termos organizacionais e programáticos, para a transnacionalidade da política europeia, ganhando, simultaneamente, as eleições nacionais.

3. Mais democracia através de mais Europa

A viragem europeia é pensada frequentemente a partir das instituições. Quando se coloca a questão de mais democracia, aparecem imediatamente propostas de reformas institucionais, fala-se das competências do Parlamento Europeu, etc. No entanto, também é necessário colocar a questão da democracia a partir da perspetiva dos indivíduos, *de baixo*, por assim dizer, a partir do bulício da integração horizontal. Só quando as pessoas entenderem a Europa como um projeto seu, só quando as pessoas estiverem em posição de assumir a perspetiva dos cidadãos de outros países europeus, é que fará sequer sentido, falar de integração vertical e de democracia europeia.

Portanto, trata-se de uma compreensão mútua, da capacidade de ver o mundo com os olhos dos outros, de uma visão cosmopolita. A citação que se segue mostra a configuração que isso poderia assumir – Birgit Schönau, uma correspondente em Itália, assume num dos seus artigos a perspetiva dos habitantes dos países do Sul e descreve o que estes pensam atualmente sobre a atuação do Governo alemão e das instituições internacionais:

> «Poupar, poupar, poupar. Informar, emagrecer, retomar o crescimento económico. E tudo isto, por favor, rapidinho, caso contrário: sentar-se, não satisfaz. As professoras do Sul são duas mulheres à primeira vista muito diferentes: Christine Lagarde, a francesa elegante, e Merkel, a alemã resoluta. Lagarde nunca tem um único cabelo desalinhado, pratica ascese, por princípio não bebe nem um copinho de vinho. Merkel não é tão rigorosa consigo própria, nem com o seu penteado. Mas com os outros, sim.»[62]

A visão das duas poderosas senhoras será marcada por uma atitude protestante de renúncia, «não conhecem nem absolvição nem perdão. Claro que elas negá-lo-iam, mas é assim que o Sul vê a sua atitude.» «É assim que o Sul vê sua atitude». Estas palavras introduzem aqui a mudança de perspetiva cosmopolita. «O Norte» obtém uma nova imagem de si próprio a partir da perspetiva «do Sul».

Os autores que são céticos no que diz respeito à criação de uma sociedade europeia argumentam frequentemente que as sociedades nacionais são integradas através de valores. Atualmente, estes valores ainda não existem a nível europeu. O que existe são diversos conflitos, polémicas em torno da salvação do euro e da política de austeridade, Birgit Schönau chega a falar de

---

[62] Birgit Schönau, «Der Süden», em *Süddeutsche Zeitung* (16 de junho de 2012).

Kulturkampf *. A perspetiva cosmopolita poderia criar coesão nesta Europa do conflito, o que significaria, por exemplo, que os alemães aprenderiam a pôr-se no lugar dos gregos e a «ver» o que os assusta, irrita, enfurece, e sobretudo também o que significa a atuação da Alemanha na sua perspetiva, por que razão a consideram arrogante, ignorante, neoimperialista. A visão cosmopolita exige, simultaneamente, que os gregos se ponham na posição dos alemães e «vejam» por que razão muitos acusam os gregos de corrupção, falta de moral fiscal, desperdício.

Se a capacidade de assumir a perspetiva dos outros é a condição para o surgimento de uma democracia europeia, então necessitamos de uma campanha de alfabetização cosmopolita para a Europa. Como podemos superar a hegemonia cultural dos eurocéticos que só conhecem uma Europa «de domingo» anémica e criar uma Europa quotidiana dos cidadãos? Como podemos garantir que o maior número possível de indivíduos tenha oportunidade de aprender a ver-se a si próprios com os olhos dos outros? Como podemos transformar a ação comum na base da participação democrática na Europa?

«Doing Europe» – esta foi a resposta apresentada, em maio de 2012, por Helmut Schmidt, Jürgen Habermas, Herta Müller, Senta Berger, Jacques Delors, Richard von Weizsäcker, Imre Kertész e outros europeus de renome. Eles exigiram a introdução de um ano europeu voluntário para todos, porque pensam que a democracia europeia tem de crescer *a partir da base,* porque compreenderam que não existe um «povo europeu», mas sim uma

---

* A *Kulturkampf* ou «luta pela cultura» foi um movimento anticlerical alemão do século XIX, iniciado por Otto von Bismarck, Chanceler do Império Alemão em 1872, em reação nacionalista à autoridade papal (*n.t.*).

Europa de indivíduos que ainda têm de se transformar no soberano da democracia europeia[63]. Não deverá ser só a geração jovem e os membros das elites intelectuais a ter, no futuro, a possibilidade de concretizar, a partir da base, um pouco da Europa, num país e num espaço linguístico diferentes, mas também trabalhadores, reformados e desempregados normais.

Imaginemos, por momentos, que o ano europeu voluntário para todos já é uma realidade. Frank Schuster, com 44 anos, empregado bancário em Lüneburg, colaborou durante um ano num projeto ecológico em Atenas e, neste período, criou novas amizades. Viu como a pensão de reforma da mãe de um amigo grego sofreu vários cortes, como vizinhos saíram de casa por já não conseguirem pagar a renda, como as lojas na sua cidade tiveram de fechar, como as pessoas se sentiram profundamente feridas na sua dignidade pela ditadura da poupança. Depois do regresso à Alemanha, ouve, perplexo, como os «gregos na bancarrota» são difamados nos meios de comunicação social, na política e no quotidiano. Na Alemanha é popular a acusação segundo a qual os gregos viveriam acima das suas possibilidades, mas ele viu o contrário: que há cada vez mais pessoas a cair na pobreza.

Ou Brigitte Reimann, de Passau. A designer, de 28 anos, não encontrou emprego depois de ter concluído os seus estudos e trabalha num projeto em Varsóvia cujo objetivo é fazer um livro de história alemão e polaco. Foi recebida com muita simpatia, mas houve alguns momentos

---

[63] Ulrich Beck/Daniel Cohn-Bendit, «Wir sind Europa! Manifest zur Neugründung der EU von unten», em *Die Zeit* (3 de maio de 2012), p. 45; quem se quiser juntar ao nosso apelo, pode fazê-lo *on-line* em < manifest-europa.eu/allgemein/wir-sind-europa?lang=de > (consultado em agosto de 2012).

em que sentiu que a imposição de austeridade alemã desperta recordações do imperialismo militante da Alemanha. Um dia, um vizinho reformado dispara a pergunta: «É verdade, o que fez o teu avô naquela altura?» Ela olhou para ele e respondeu: «O meu avô tinha catorze anos quando a guerra acabou.» Então, o vizinho fica perplexo durante um momento e diz baixinho: «desculpa».

O ano europeu voluntário institucionaliza a «dança da compreensão» (Charles Taylor) e responde, à sua maneira, à questão do significado da Europa para as pessoas. Permite a identificação democrática e a participação do indivíduo, estabelecendo, assim, uma ligação muitas vezes crítica entre a própria vida e ação e aquilo que, na perspetiva de muitos indivíduos, é o nirvana tecnocrático chamado Bruxelas.

Quem equipara os défices da democracia europeia à questão da relação entre os Parlamentos nacionais e o Parlamento Europeu ou entre o Tribunal Constitucional Federal alemão e o Tribunal de Justiça Europeu, ignora facilmente que estas alternativas também pensam a democracia, por assim dizer, de forma vertical. O que fica excluído nestas reflexões é a questão de saber como cidadãos nacionais se tornam europeus soberanos na sua ação. O ideal que serve, hoje, frequentemente, como critério para avaliar a concretização da democracia europeia ainda tem origem na era dos Estados nacionais, nos quais havia «povos» cuja vontade era representada e implementada por instituições democráticas. Esta condição prévia não se cumpre na Europa dos indivíduos. Por conseguinte, a democracia só pode ganhar vida na medida em que as próprias pessoas se apropriarem do projeto e construírem a Europa em conjunto. É precisamente este o significado do lema: mais democracia através de «Doing Europe».

A perspetiva de democracia a partir da base fica incompleta se não tiver em conta a arquitetura das instituições de uma democracia europeia, sendo que é necessário, entre outras coisas, resolver o dilema de como preservar a democracia nacional, quando a democracia transnacional ganha autoridade. Na perspetiva dos indivíduos, o défice da arquitetura existente até à data reside no facto de as eleições para o Parlamento Europeu não decidirem verdadeiramente o destino da Europa. E mesmo que estas eleições decidissem realmente temas europeus, continuaria a não ser claro com que meios financeiros deveria ser então implementada esta política europeia. Afinal, a Europa – e é precisamente isto que a crise da dívida mostra – depende do dinheiro dos Estados-Membros individuais. Portanto, uma Europa democrática necessitaria de recursos próprios. Ora, é fácil imaginar como reagiriam os cidadãos se tivessem de entregar parte dos seus rendimentos como uma «sobretaxa de solidariedade europeia» ou se o IVA fosse aumentado e as receitas adicionais fossem transferidas para a Comissão. Só se poderia recorrer ao imposto tão discutido recentemente sobre transações financeiras, um imposto bancário ou uma taxa comunitária sobre os lucros das empresas. Deste modo, seria possível, por um lado, domar o capitalismo de risco desenfreado e responsabilizar os causadores da crise pelas consequências. Por outro lado, a Europa democrática ficaria, finalmente, capacitada para agir.

Estas ideias parecem irremediavelmente utópicas e ingénuas. Mas quando a ameaça de colapso do euro e da Europa exige repensar as coisas, sim, esta crise leva a uma revalorização do realismo. Aquilo que até à data era considerado «realista» torna-se ingénuo e perigoso, uma vez que aceita o colapso como inevitável. E aquilo que era considerado ingénuo e ilusório torna-se «realista», porque procura evitar a catástrofe e, além disso, tornar o mundo melhor.

4. A questão do poder: quem faz cumprir o contrato social?

Quem pergunta como pode o novo contrato social na Europa ganhar força, tem de começar a procurar uma aliança de nações cosmopolitas dispostas e em posição de assumir um papel de vanguarda para recuperar a sua posição de poder e a sua dignidade nacionais na Europa e no mundo. Que Estados poderiam participar numa coligação de arquitetos cosmopolita deste tipo?

Numa perspetiva da teoria do poder, esta coligação teria de ser forjada entre países que já sofrem de um grande endividamento (que não podem resolver sozinhos e, portanto, para cuja solução necessitam da cooperação e solidariedade europeia) e países que beneficiaram da Europa até à data e poderiam perder o que ganharam devido ao colapso iminente do euro ou até mesmo da UE. A Itália e a Espanha pertencem à primeira categoria. A França talvez se lhes possa juntar em breve. No entanto, primeiro a França de Hollande teria sair da sombra da Grande Nação; contudo, aqui também se aplica uma ideia maquiavélica: quanto mais pressionada em termos económicos a França for, tanto mais atrativo poderá ser festejar uma ressurreição na união política europeia.

A Alemanha é o país que está incluído na segunda categoria. Até agora, tem beneficiado indubitavelmente da Europa, do euro, mas também da crise, tanto em termos políticos e económicos como morais. Por isso, é do melhor interesse do país promover a união política da Europa. Hoje, aqueles que pedem uma abordagem exclusivamente nacional agem, paradoxalmente, de forma antipatriótica, uma vez que ignoram que, se a Europa morresse por causa da avareza dos alemães, isso equivaleria a um suicídio político, dado que, sem o euro e sem a Europa, o nicho do bem-estar a nível mundial chamado Alemanha também se tornaria indefensável.

Portanto, ao contrário do pessimismo amplamente difundido, pode constatar-se que – numa perspetiva «realista» – todos os países referidos (e por que razão não haviam de participar também Estados como a Polónia?) têm interesse numa maior cooperação e solidariedade europeia, portanto, na implementação do novo contrato social para a Europa.

Suponhamos que ocorra na Alemanha uma tal mudança de opinião (e, para isso, talvez seja necessária também uma mudança de poder) e que o país se colocava na liderança desta coligação (independentemente dos países que nela participassem de início). Que alavanca de poder permitiria implementar, então, o contrato social? Em princípio, seria necessário modificar o cálculo de poder merkiavélico da Europa alemã: em vez de condicionar a concessão de créditos à disciplina orçamental e às reformas neoliberais, como acontece até à data, no futuro a mesma estaria associada à disponibilidade para sustentar o novo contrato social, transferir direitos de soberania, como a autonomia orçamental, para a autonomia europeia e, assim, criar, passo a passo, a união política. Jan Hildebrand escreve o seguinte sobre esta questão no jornal *Welt*: «Quem quer endividar-se em conjunto não poderá decidir sozinho sobre receitas e despesas.»[64].

---

[64] Jan Hildebrand, «Merkel hält Kurs», em *Der Tagesspiegel* (21 de junho de 2012).

No entanto, o ponto crucial neste processo é que a alavanca de poder tem de ser concebida de forma a que tanto a união de responsabilidade como o contrato social sejam implementados simultaneamente. Por exemplo, o novo presidente francês, François Hollande, neste momento defende que a responsabilidade comum seja introduzida agora e que a Europa política só avance numa segunda fase, o que também poderia significar um adiamento para o dia de São Nunca. Mas a pressão da catástrofe no horizonte leva à necessidade de iniciar ambas as coisas em simultâneo. Se o conseguirmos, será até possível conquistar mais dois aliados para o contrato social europeu: primeiro – e isto pode parecer paradoxal –, os agentes dos mercados financeiros globais, que poderiam ganhar uma nova confiança face a uma clara adesão à Europa política e investir, já que ficaria claro que existe uma instância que assume responsabilidade por eventuais perdas em caso de crise; e, segundo, as populações nos Estados endividados, que protestam atualmente contra a política de austeridade neoliberal, mas que se identificariam com o projeto de uma Europa política, devido à perspetiva de um modelo de democracia social transnacional.

5. Uma primavera europeia?

Como disse, enquanto observador sociológico considero que seria no interesse dos próprios Estados referidos inscrever nas bandeiras a concretização de um novo contrato social europeu. Mesmo que – e esta é uma afirmação central da teoria do risco – a antecipação da catástrofe possa levar a que amanhã aconteçam coisas que, ontem, eram consideradas absolutamente impensáveis, temos de admitir haver, de momento, pouco que leve a pensar que o Governo alemão ou outros governos passem em breve para o campo de arquitetos da Europa. Neste ponto, partilho o ceticismo de Jürgen Habermas: «A redescoberta do Estado nacional alemão, o novo modo de uma política que navega à vista, sem qualquer orientação, e a fusão da classe político-jornalística podem constituir razões para a política perder o fôlego para um novo projeto tão grande como a unificação da Europa.»[65] Será que, com isso, a perspetiva de um novo contrato social europeu é para esquecer? Não necessariamente. Habermas escreve o seguinte a este propósito:

> «Mas talvez o olhar para cima, para as elites políticas e os meios de comunicação social, vá na direção completamente errada. Talvez as motivações ainda inexistentes só possam ser criadas a partir da base, da sociedade civil. O abandono da energia nuclear constitui um exemplo de que as evidências político-culturais e, portanto, os parâmetros da discussão pública não mudam sem o trabalho subversivo e persistente de movimentos sociais.»[66]

Não passou sequer ano e meio sobre a chamada Primavera Árabe, com a qual ninguém contava. À Primavera Árabe seguiu-se um Outono Americano quente, quando os ativistas de Occuppy Wall Street ocuparam o Parque Zuccotti, em Nova Iorque. Num país no qual praticamente ninguém tinha dúvidas de que o capitalismo é a melhor ordem social possível ouviram-se, de repente, apelos a alternativas. O movimento Occupy Wall Street reivindicou

---

[65] Jürgen Habermas, «Um pacto para ou contra a Europa?», em J. Habermas, *Um ensaio sobre a Constituição da Europa*, Edições 70, 2012, pp. 163-174.
[66] *Ibidem*.

falar pelos 99 % dos americanos que foram arrasados pela crise, contra 1% daqueles que beneficiaram da mesma. E a palavra de ordem «We are the 99 percent» chegou não só a jovens noutras cidades americanas, como também a Londres e Vancouver, Bruxelas e Roma, Frankfurt e Tóquio. De repente, as pessoas não se manifestavam apenas contra uma qualquer lei incorreta ou a favor de uma medida qualquer, mas contra o próprio «sistema». Aquilo a que se chamava antes «economia de mercado livre» e a que se chama novamente capitalismo foi questionado e sujeito a uma crítica fundamental – e, por momentos, todo o mundo escutou. Poderá haver, depois da Primavera Árabe e do Outono Americano, um Outono, Inverno ou Primavera Europeia? Uma resistência à política de austeridade euro-alemã? Um movimento social europeu que saia às ruas pelo novo contrato social? Naturalmente, assistimos nos últimos dois ou três anos a protestos de jovens em Madrid, Tottenham ou Atenas contra as consequências da política de austeridade neoliberal e à sua chamada de atenção para o seu destino de geração perdida. No entanto, estas manifestações também ficaram, de certo modo, ainda reféns do dogma do Estado nacional. As pessoas defendem-se em cada país contra a política alemã-europeia, implementada pelos seus governos.

Está na altura de também os «excedentários» (Zygmunt Bauman), o precariado, os membros da classe média ameaçados de decadência, os jovens com boa formação académica que não têm qualquer hipótese de arranjar um emprego fixo, as pessoas idosas cuja pensão sofreu cortes, em suma, todos aqueles que são afetados como «danos colaterais» humanos em toda a Europa pela política de austeridade, tomarem a peito o imperativo cosmopolita: têm de cooperar a nível transfronteiriço e empenhar-se, em conjunto, não por menos Europa, mas sim, *a partir da base*, por uma união política que se reja por princípios social-democratas, uma vez que só esta será capaz de enfrentar eficazmente as causas da miséria.

A política e as ciências políticas estabelecidas têm uma fraqueza em comum: subestimam cronicamente o poder dos fracos, o poder dos movimentos sociais, em especial em conflitos de risco transnacionais. Para os compreender, é útil distinguir entre a política institucionalizada (partidos, governos, parlamentos) e a subpolítica não institucionalizada dos movimentos sociais. De facto, foram os agentes e as redes subpolíticas não ligadas a territórios e prioridades nacionais que, nas últimas décadas, colocaram na agenda as questões da sobrevivência ecológica, da igualdade entre homens e mulheres, da paz e, sobretudo também, da crise financeira, fazendo-o contra a resistência das elites políticas, económicas, científicas e dos *media*. Neste sentido, a força mobilizadora do risco desliga a política dos agentes e fóruns previstos para tal. O imperativo cosmopolita «coopere ou morra» dá poder sobretudo a movimentos sociais a favor da Europa.

De onde poderia surgir o poder de um movimento para a Europa a partir da base? Como vimos, a crise do euro tirou definitivamente a legitimidade à Europa neoliberal. A consequência é a assimetria entre poder e legitimidade. Um grande poder e pouca legitimidade do lado do capital e dos Estados, um pequeno poder e uma elevada legitimidade do lado daqueles que protestam. O movimento poderia aproveitar este desequilíbrio para impor exigências fundamentais, como, por exemplo um imposto europeu sobre transações financeiras, que, no fundo, seria do interesse dos próprios Estados, contra a teimosia dos «ortodoxos» dos Estados nacionais e a favor da Europa. E quem sabe, talvez surgisse até uma coligação entre os movimentos de protesto e a vanguarda dos arquitetos da Europa, num salto quântico para a capacidade de ação a nível transnacional.

Por fim, contra uma classificação rápida desta perspetiva como algo vão, talvez ajude lembrar o seguinte: os adversários mais poderosos da economia financeira global não são aqueles que constroem tendas nas grandes praças e à frente das catedrais bancárias em todo o mundo. No fundo, o adversário mais convicto e mais persistente da economia financeira global é a própria economia financeira global.

É possível que tudo isto soe como o verso esperançoso de Hölderlin, como a promessa consoladora segundo a qual «Onde há perigo, também cresce a salvação». Atualizado e aplicado à Europa, o verso deveria dizer: onde há perigo, também crescem planos de resgate – e, simultaneamente, as hipóteses de um forte movimento pró-europeu. No entanto, como podemos observar atualmente, o contrário também se aplica: com os planos de salvamento cresce o perigo. Porque a crise do euro tem levado à emergência – até agora, constante – da Europa alemã.